Spiritueller Kalender 2021

Lassen Sie sich fallen in die Arme Ihrer Seele und Sie sind das Sie-Sind-Bewusstsein. Das heißt, sie sind Gottes Glanz, denn Sie sind Licht. Spüren Sie die Liebe Gottes und der Engel und Erzengel. Seien Sie, und Sie sind Licht.
Und Gott berührt Sie.
Viel Freude mit dem Kalender und den Affirmationen.

Zu meiner Person:

Nach und während einer klassischen Ausbildung, einem Studium im geisteswissenschaftlichen Bereich und einer Dissertation, wurde der spirituelle Weg immer deutlicher für mich zum Leitstern meines Lebens in dieser Welt.
Die hohen Energien von Avalon, die die Druiden einst einsetzten, um heiliges Wissen zu verbreiten, kehren zurück, und in dieser Tradition steht sowohl diese Publikation, wie mein Leben im Licht der Einheit.
Merlin, der aufgestiegene Meister, der ich bin, hat in der neuen Zeit die Aufgabe, mit den Menschen an dem Aufstiegsprozess zu arbeiten und sie daran zu erinnern, dass sie das hohe Liebesbewusstsein Gottes sind.

Namasté.

Schulferien 2021

	Winter	Ostern	Pfings-ten	Sommer	Herbst	Weih-nachten
Baden-Württem-berg	-	01.04.+ 06.04. - 10.04.	25.05. - 05.06.	29.07. - 11.09.	31.10.+ 02.11. - 06.11.	23.12. - 08.01.
Bayern	e15.02. - 19.02.	29.03. - 10.04.	25.05. - 04.06	30.07. - 13.09.	02.11. - 05.11.+ 17.11.	24.12. - 08.01.
Berlin	01.02. - 06.02.	29.03. - 10.04.	14.05.	24.06. - 06.08.	11.10. - 23.10.	24.12. - 31.12.
Brandenburg	01.02. - 06.02.	29.03. - 09.04.	-	24.06. - 07.08.	11.10. - 23.10.	23.12. - 31.12.
Bremen	01.02. - 02.02.	27.03. - 10.04.	14.05. + 25.05.	22.07. - 01.09.	18.10. - 30.10.	23.12. - 08.01.
Hamburg	29.01.	01.03. - 12.03.	10.05. - 14.05.	24.06. - 04.08.	04.10. - 15.10.	23.12. - 04.01.
Hessen	-	06.04. - 16.04.	-	19.07. - 27.08.	11.10. - 23.10.	23.12. - 08.01.
Mecklen-burg-Vorpom-mern	06.02. - 18.02. + 19.02.	29.03. - 07.04.	14.05. + 21.05. - 25.05.	21.06. - 31.07.	02.10. - 09.10. + 01.11.- 02.11.	22.12. - 31.12.
Niedersachsen	01.02. - 02.02.	29.03. - 09.04.	14.05. + 25.05.	22.07. - 01.09.	18.10. - 29.10.	23.12. - 07.01.
Nordrhein-West-falen	-	29.03. - 10.04.	25.05.	05.07. - 17.08.	11.10. - 23.10.	24.12. - 08.01.
Rheinland-Pfalz	-	29.03. - 06.04.	25.05. - 02.06.	19.07. - 27.08.	11.10. - 22.10.	23.12. - 31.12.
Saarland	15.02. - 19.02.	29.03. - 07.04.	25.05. - 28.05.	19.07. - 27.08.	18.10. - 29.10.	23.12. - 03.01.
Sachsen	08.02. - 20.02.	02.04. - 10.04.	14.05.	26.07. - 03.09.	18.10. - 30.10.	23.12. - 01.01.
Sachsen-Anhalt	08.02. - 13.02.	29.03. - 03.04.	10.05. - 22.05.	22.07. - 01.09.	25.10. - 30.10.	22.12. - 08.01.
Schleswig-Hol-stein	-	01.04. - 16.04.	14.05. - 15.05.	21.06. - 31.07.	04.10. - 16.10.	23.12. - 08.01.
Thüringen	08.02. - 13.02.	29.03. - 10.04.	14.05.	26.07. - 04.09.	25.10. - 06.11.	23.12. - 31.12.

Informationen und weitere Hinweise:
www.christian–huels.de
Blog: spirit.fotografie–huels.de

Bibliografische Information der Deutschen Nationalbibliothek:
Die Deutsche Nationalbibliothek verzeichnet diese Publikation in der Deutschen Nationalbibliografie; detaillierte
bibliografische Daten sind im Internet über www.dnb.de
abrufbar.

Herstellung und Verlag:
BoD – Books on Demand, Norderstedt
ISBN 9783752668803

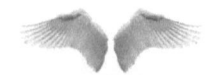

Feiertage 2021

Neujahr - Freitag, 01. Januar 2021
Heilige 3 Könige - Mittwoch, 06. Januar 2021
Mariä Lichtmeß - Dienstag, 02. Februar 2021
Weiberfastnacht - Donnerstag, 11. Februar 2021
Valentinstag - Sonntag, 14. Februar 2021
Rosenmontag - Montag, 15. Februar 2021
Fastnacht - Dienstag, 16. Februar 2021
Aschermittwoch - Mittwoch, 17. Februar 2021
Frühlingsanfang - Samstag, 20. März 2021
Mariä Verkündigung - Donnerstag, 25. März 2021
Palmsonntag - Sonntag, 28. März 2021
Gründonnerstag - Donnerstag, 01. April 2021
Gründonnerstag - Donnerstag, 01. April 2021
Karfreitag - Freitag, 02. April 2021
Ostersonntag - Sonntag, 04. April 2021
Ostermontag - Montag, 05. April 2021
Maifeiertag - Samstag, 01. Mai 2021
Muttertag - Sonntag, 09. Mai 2021
Christi Himmelfahrt - Donnerstag, 13. Mai 2021
Pfingstsonntag - Sonntag, 23. Mai 2021
Pfingstmontag - Montag, 24. Mai 2021
Fronleichnam - Donnerstag, 03. Juni 2021
Sommmeranfang - Montag, 21. Juni 202
Mariä Himmelfahrt - Sonntag, 15. August 2021
Herbstanfang - Mittwoch, 22. September 2021
Tag der deutschen Einheit - Sonntag, 03. Oktober 2021
Reformationstag - Sonntag, 31. Oktober 2021
Allerheiligen - Montag, 01. November 2021
Volkstrauertag - Sonntag, 14. November 2021
Buß- und Bettag - Mittwoch, 17. November 2021
Totensonntag - Sonntag, 21. November 2021
1. Advent - Sonntag, 28. November 2021
Winteranfang - Dienstag, 21. Dezember 2021
Heiligabend - Freitag, 24. Dezember 2021
1. Weihnachtstag - Samstag, 25. Dezember 2021
2. Weihnachtstag - Sonntag, 26. Dezember 2021
Silvester - Freitag, 31. Dezember 2021
Neujahr - Samstag, 01. Januar 2022

Inspiration und Mut ist Gottes Geschenk für alle Menschen. Und wir sind Liebe. Spürt die Liebe Gottes, und sie heilt. Ba Ra Sekhem.

Merlin & Metatron

Montag **28.** Dezember

Dienstag **29.** Dezember

Notizen

Mittwoch **30.** Dezember

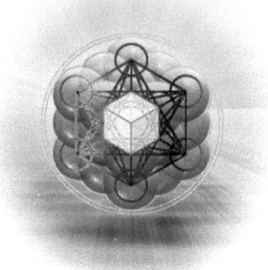

Donnerstag **31.** Dezember   Silvester

Freitag **01.** Januar   Neujahrstag

Samstag **02.** Januar

Sonntag **03.** Januar

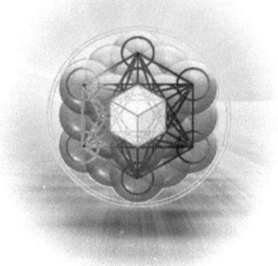

Wir sind in Wahrheit Gott selber, und alles ist in Gott enthalten. Gott ist reine Liebe und Gnade, uns so wir in der Reinform, und sie fließt zu euch.

Öffnet euch für Gott selber, und wir sprechen:

Gott, bitte öffne die Tore zum Himmel, damit ich aufsteige in mein reinstes und höchstes Bewusstsein und mein höchstes Sternenleben.

Ägyptisch betonen wir:

Ba Ra Sekhem. Und die Erde ist Licht.

Unser STerneleben heilt, und wir spüren, wer und wie wir auf anderen pkaneten sind, und unser hellstes Sternenwissen wird uns integriert, wenn wir darum bitten.

Z. B. durch folgende Bitte:

Gott, bitte lenke Du, lass mich Deine Liebe spüren. Lass mich nun mein hellstes Sterneleben anschauen und mein Wissen wieder integrieren das ich so lange verbarg. Ba Ra Sekhem, um dies zu betonen, und ich danke Dir von Herzen. Ba Ra Sekhem.

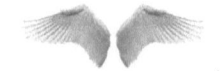

Notizen

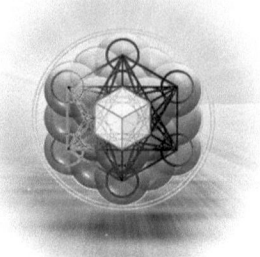

1. KW   04.-10. Januar 2021

Montag 04. Januar

Dienstag 05. Januar

Mittwoch **06.** Januar   Heilige Drei Könige

Donnerstag **07.** Januar

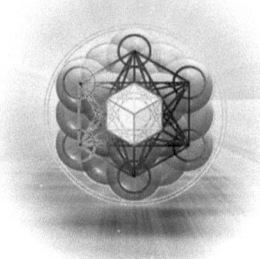

Des Menschen Wille ist sein Himmelreich, und Gott heilt.
Er oder sie ist unendliche Gnade.
Und so wird Euch Euer Himmel geöffnet, wenn Ihr darum
bittet.
Bittet weise: Sha are ora, sha are ora, sha are ora.
Und die Türen zum Himmel öffnen sich. Ba Ra Sekhem.

Metatron

Notizen

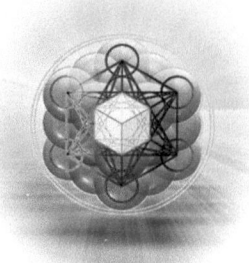

Freitag 08. Januar

Samstag 09. Januar

Sonntag 10. Januar

Montag 11. Januar

Dienstag 12. Januar

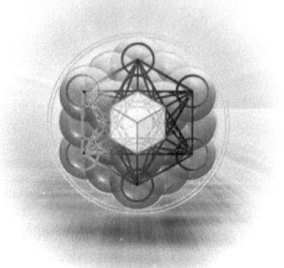

Bittet einmal weise: Ich bin Liebe, ich bin Wille, ich bin der ich bin, und ich bin Liebe.
Ich manifestiere aus dem höchsten Bewusstsein, dass ich Liebe bin zu allen Zeiten, und in Liebe, jetzt.
Spürt die Liebe Gottes, und sie ist reines Wissen und Gnade, und sie heilt.
Ba Ra Sekhem.

Notizen

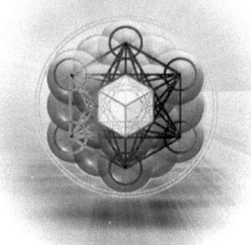

Mittwoch 13. Januar

Donnerstag 14. Januar

Freitag 15. Januar

Samstag 16. Januar

Sonntag 17. Januar

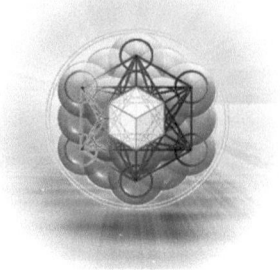

Gabriel ist die Macht Gottes, sein Name bedeutet, gleißendes Licht, Gott selber. Ba Ra Sekhem, und Gott heilt in uns. So sind wir die Engel und Erzengel, so wie auch Metatron und Erzengel Gabriel. Spürt die Liebe Gottes, die durch Erzengel Gabriel verkündet wird. Ba Ra Sekhem. Ihr könnt sprechen:
Ich bin Licht, ich bin Liebe, ich bin Wille, und ich bin Leben, ich manifestiere aus dem höchsten Bewusstsein, dass ich Liebe bin.
Wahres All-Eins-Sein sei, und ich bin Licht.
Spürt Erzengel Gabriel und Metatron und seid, denn Ihr seid Licht. Ba Ra Sekhem.

Gabriel & Metatron

Notizen

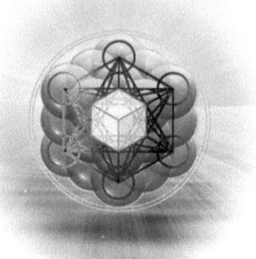

Montag **18.** Januar

Dienstag **19.** Januar

Mittwoch 20. Januar

Donnerstag 21. Januar

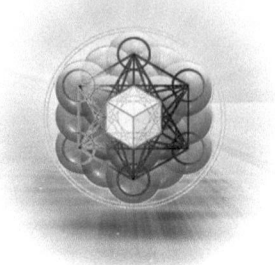

Merlin, der aufgestiegene Meister und Metatron reichen Euch die Hand. Spürt die Liebe, die Euch umfängt. Seid, und Ihr seid Licht.
Und Gott ist.
Merlin reicht Euch erneut die Hand, und die Einheit ist in Euch zu erleben. Spürt dies, denn Ihr seid Licht, und ihr seid, die Ihr seid.
Wenn Ihr Gott spürt, dann spürt Ihr die All-Liebe und die Erde in Euch ist erledigt. Sie ist Licht.
Ba Ra Sekhem. Ägyptisch für Hohe Seele, Höchstes Selbst, Bewusstsein, Lebenskraft. Und das seid ihr, und Merlin und Gott helfen euch, dies zu erkennen und zu integrieren.
Und Ihr seid Licht, und eure Schatten in euch weichen. Ba Ra Sekhem.

Merlin & Gott selber

Notizen

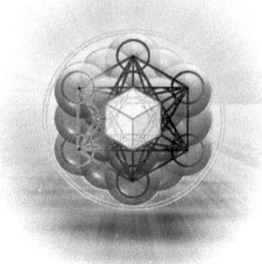

Freitag 22. Januar

Samstag 23. Januar

Sonntag 24. Januar

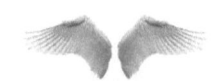

Montag 25. Januar

Dienstag 26. Januar

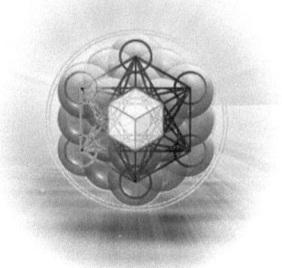

Kuthumi, der aufgestiegene Meister stellt sich vor. Er ist Licht und unendliche Gnade. Er ist die Fülle und Weisheit, die Ihr Euch auf dem Planeten erwünscht, wenn Ihr Euer Leben heilt und durch Gottes Willen die Aufstiegsprozesse unternehmt. In Euch und um Euch ist Licht, und Ihr seid Leben. Spürt die Liebe Gottes und des Meisters Kuthumi, der Euch die Krone und den Baum des Lebens in die Einheit rückt, so dies noch nicht geschehen ist.
Ba Ra Sekhem.

Kuthumi

Notizen

Mittwoch 27. Januar

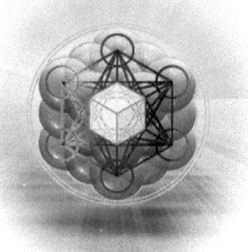

Donnerstag 28. Januar

Freitag **29.** Januar

Samstag **30.** Januar

Sonntag **31.** Januar

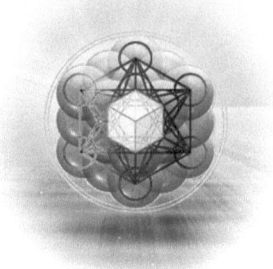

So verbinde Dich mit der Kraft Gottes, zum Beispiel durch folgende Affirmation:
Ich bin Licht, ich bin Liebe, ich bin Wille, ich bin Leben, und ich bitte Gott mir seine Macht zu geben. Ba Ra Sekhem. Ich bin Licht.
Spürt und die Liebe Gottes umfängt Euch.
Ba Ra Sekhem.

Merlin & Kuthumi

Notizen

5. KW   01.- 07. Februar 2021

Montag 01. Februar

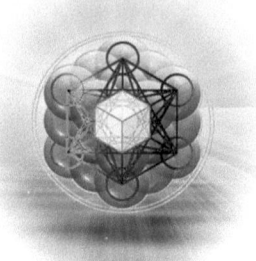

Dienstag 02. Februar

Mittwoch 03. Februar

Donnerstag 04. Februar

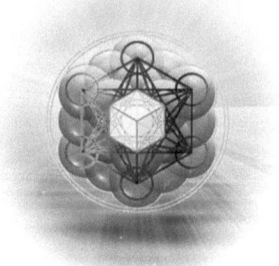

Die Aufstiegsenergien sind sehr hoch. Sie erlauben, hohes Wissen und Fähigkeiten wieder zu integrieren. So sind wir Licht. Wir spüren dies Fähigkeiten, und wir sind Licht. Ba Ra Sekhem.

Und Gott lenkt in uns, so dass wir die Seele und da höchste Selbst integrieren, zum Beispiel durch folgende Bitte:

Gott, bitte heile mein Innen, lass mich tiefer mit Dir, der Seele, den Engeln und Erzengeln, meinem Höchsten Selbst in mir verschmelzen, lass mich tiefer die Liebe der Seele spüren, und ich bin Licht, und ich bin, der ich bin. Ba Ra Sekhem. Und wir fühlen die Einheit in uns. Und unser Leben geht in die Fülle Gottes, und sie heilt uns. Und göttliche Fülle sei. Ba Ra Sekhem.

Gott selber

Notizen

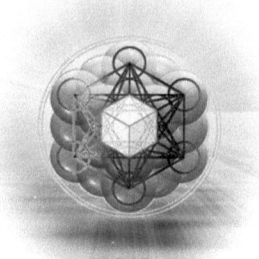

Freitag **05.** Februar

Samstag **06.** Februar

Sonntag **07.** Februar

Montag 08. Februar

Dienstag 09. Februar

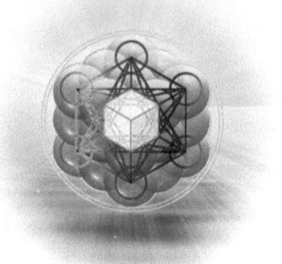

Ba Ra Sekhem heißt, wir sind Licht. Und ich bin Leben. Die ägyptischen Worte meinen, dass wir Licht und Liebe sind, und reiner Ba. Dies meint, in uns gibt es keine Trennungen und Trennlinien, und so bekunden wir dies:
Wir sind Ba Ra Sekhem, und spüren die Macht und die Gnade des All-Einen.
Ba Ra Sekhem.

Notizen

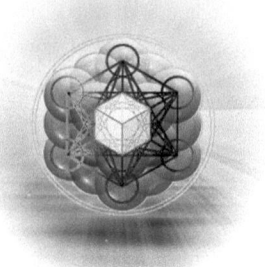

Mittwoch **10.** Februar

Donnerstag **11.** Februar

Freitag 12. Februar

Samstag 13. Februar

Sonntag 14. Februar

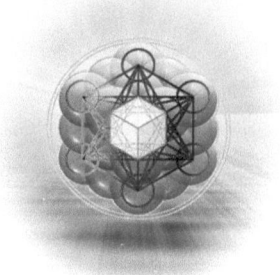

Gott lenkt, und wir bitten die Engel und Erzengel um Hilfe,
sie sind unendliches Licht und Gnade. Sie sind, die sie sind.
Und wir sprechen ein Gebet an die hohe Seele, denn wir sind
Licht:

Bitte Gott, der ich in Wahrheit bin, lass mich mit Hilfe der Erzengel hier auf Erden die Heilung und Transzendenz erleben,
die sich meine Seele wünscht.
Dies ist so. Denn ich bin Licht, und in Wahrheit Gott selber.
Ba Ra Sekhem.

Merlin hilft euch hierbei, und ihr seid Licht.
Ägyptisch dürft ihr betonen: Ba Ra Sekhem für hohe Seele,
Höchstes Selbst, Bewusstsein, Lebenskraft, und der Ba heilt.
Ba Ra Sekhem.

Jesus Sananda

Notizen

Montag 15. Februar   Rosenmontag

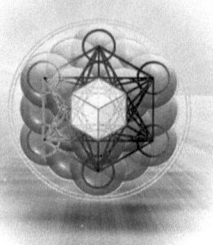

Dienstag 16. Februar

Mittwoch 17. Februar

Donnerstag 18. Februar

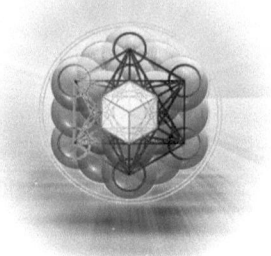

Gott ist unendliche Liebe und Gnade. Und wir sind Liebe.
Ich bin Licht, ich bin Liebe, Wille und Weisheit, und ich manifestiere aus dem höchsten Bewusstsein, dass ich Liebe bin.

Ba Ra Sekhem. Ägyptisch: Hohe Seele, Höchstes Selbst, Bewusstsein, Lebenskraft, und wir sind Licht.
Wir sind Ba Ra Sekhem.
Und wir heilen erneut im Licht Gottes, denn wir sind Leben.

Merlin ist Licht und reicht uns die Hand.
Wir spüren seine Liebe, und die hoch Eingeweihten werden es wissen, wir sind Licht.
Ba Ra Sekhem. Und die alten Weisen des Seins sind zu erleben.

Merlin

Notizen

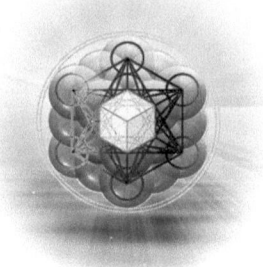

Freitag 19. Februar

Samstag 20. Februar

Sonntag 21. Februar

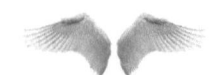

Montag 22. Februar

Dienstag 23. Februar

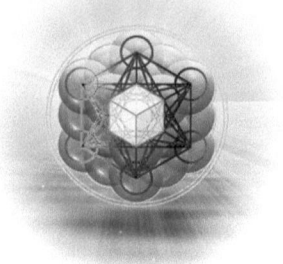

Gott heilt in uns und ihn oder sie zu erleben, ist reiner Glanz.

Und so ernten wir, was wir säen. Löst Eure Versprechen, die Ihr der Dunkelheit jemals gegeben habt.

Ich löse alle Versprechen, Treueeide und ich bin Licht und Liebe, und All-Eins-Sein. Ich bin Licht.
Ba Ra Sekhem.

Und die atlantischen Wege sind zu erleben.
Ba Ra Sekhem: Geist, Bewusstsein, Lebenskraft und -fülle.

Kuthumi

Notizen

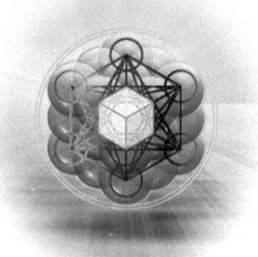

Mittwoch 24. Februar

Donnerstag 25. Februar

Freitag 26. Februar

Samstag 27. Februar

Sonntag 28. Februar

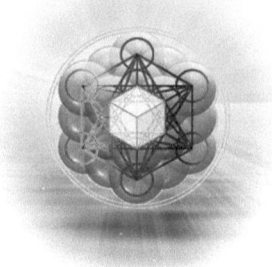

Geist, Bewusstsein, Lebenskraft und -fülle. Wir sind Ba Ra Sekhem.

Und die Engel und Erzengel heilen uns.
Wir erlösen uns aus allen „dunkel" geschöpften Realitäten, die unserem Licht und dem hohen Ba der Einheit nicht dienen.

Wir sprechen zum Beispiel:
Ich bin Licht, Liebe und Wille, ich bin Gott selber, und ich channel in der Reinheit des göttlichen Bewusstseins, ich bin, der ich bin.
Ich löse alle Verträge mit der Dunkelheit, ich bin Licht. Ich löse alle Seelenverträge erneut, und ich bin, der ich bin. Ich erlöse alle Eide, Bünde und Pakte, und ich bin auch Erzengel Michael, den ich rufe.
Erlöse die Bünde und Treueeide, Erzengel Michael.
Ich danke Dir von Herzen.
Spürt die Liebe Gottes, und seid, denn Ihr seid Licht.
Erzengel Michael

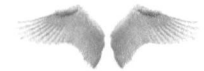

Notizen

9. KW   01. - 07. März 2021

Montag 01. März

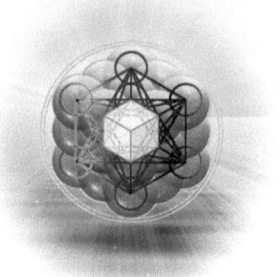

Dienstag 02. März

Mittwoch 03. März

Donnerstag 04. März

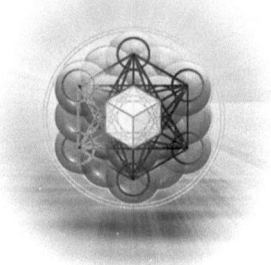

Wir sind Leben. Und wir manifestieren, dass wir Licht und
Liebe sind.
Wir sprechen:
Ba Ra Sekhem, und ich bin Licht.
Ich bitte Gott selber, mich zu erleuchten und Erzengel Raziel,
mein drittes Auge zu öffnen und zu klären.
Ich bitte Kuthumi, den aufgestiegenen Meister, mein Sein zu
durchströmen. Ich bin Licht.
Der Meister heilt unser drittes Auge, und Erzengel Raziel
wirkt. Und auch die Krone heilt.
Ba Ra Sekhem.
Und wir sind, die wir sind.
Ba Ra Sekhem.
Lasst dies wirken.
Und in der Einheit gibt es keine Trennungen.

Meister Kuthumi

Notizen

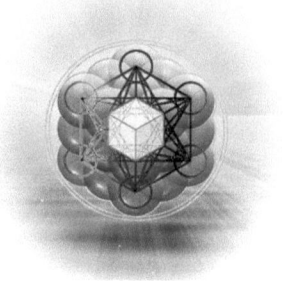

Freitag 05. März

Samstag 06. März

Sonntag 07. März

Montag 08. März

Dienstag 09. März

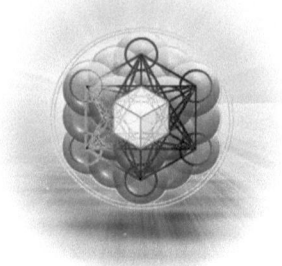

*Erzengel Raphael, ich bitte Dich, heile mein
physisches Sein, ich bitte Dich, mich mit göttlicher All-Liebe
zu heilen und mein Sein zu klären.
Ich bitte dich, geliebter Erzengel Raphael, lass mich Deine
Liebe spüren.
Ich bin Licht.
Ich bin Liebe, ich bin Wille, ich bin Gott selber, und ich mani-
festiere, dass ich Licht und Liebe bin, ägyptisch: Ba Ra Sek-
hem.
Und Erzengel Raphael, bitte heile auch mein
limbisches System, meine DNA, mein ganzes
physisches Sein erneut.
Bitte stelle meine göttliche Gesundheit wieder her.
Ich danke Dir von Herzen.*

Spürt die Liebe Gottes, und Ihr seid Licht.

Erzengel Raphael

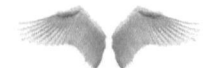

Notizen

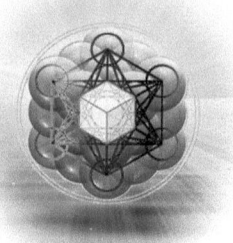

Mittwoch 10. März

Donnerstag 11. März

Freitag 12. März

Samstag 13. März

Sonntag 14. März

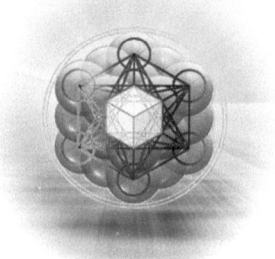

Spürt die Liebe Gottes in Eurem Herzen, und die Erzengel helfen.

Ich bitte Dich, Gott, lass mich Deine Liebe spüren, und von nun an jeden Tag erneut.

Ich bin Liebe, ich bin Wille, ich bin Weisheit, ich bin Gott selber. Und ich manifestiere aus dem höchsten Bewusstsein, dass ich Liebe bin.

Ba Ra Sekhem, und die Einheit stets in mir zu erleben. Und ich bin, der ich bin.

Ba Ra Sekhem.

Und ich bin Licht.

Ich danke Gott und den Engeln und Erzengeln von Herzen.

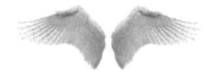

Notizen

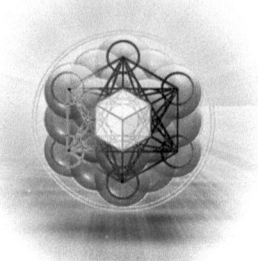

11. KW   15. - 21. März 2021

Montag 15. März

Dienstag 16. März

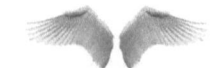

Mittwoch 17. März

Donnerstag 18. März

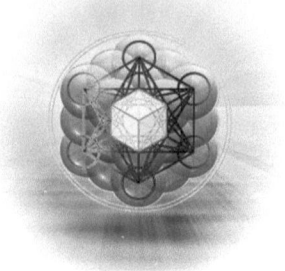

Erzengel Metatron, ich bitte Dich, mich zu heilen, und ich bin Licht.
Lass mich Deine Liebe und Deinen Willen spüren.
Lass mich Deine Geometrie nutzen und damit heilen. Auch andere, wenn dies erlaubt ist.
Ich bin Liebe, ich bin Licht, ich bin Wille, ich bin Gott selber, und ich manifestiere aus dem höchsten Bewusstsein, jetzt, dass ich Liebe bin. Ich bin, der ich bin.
Ba Ra Sekhem, um dies ägyptisch zu sagen.
Ich bin Licht.

Erzengel Metatron & Kuthumi

Notizen

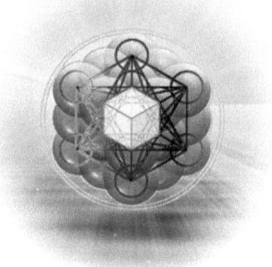

Freitag 19. März

Samstag 20. März

Sonntag 21. März

Montag 22. März

Dienstag 23. März

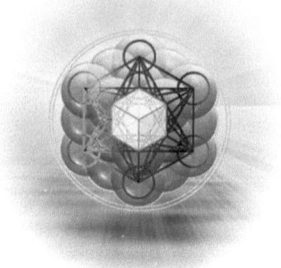

Geliebter Erzengel Metatron, heile mich erneut.
Ich bitte Dich in Liebe, mein Bewusstsein integrieren zu
dürfen, und ich bin Licht.
Ich bin Liebe, ich bin Gott selber, und ich manifestiere aus
dem höchsten Bewusstsein, dass ich Liebe bin. Und ich bin,
der ich bin.
Ba Ra Sekhem, ägyptisch, Geist/Hohe Seele/Höchstes Selbst,
Bewusstsein – Ra, Lebenskraft und -fülle. Und ich bin Licht.

Lass mich Deine Liebe spüren, und ich bin Gott selber.
Gott, ich danke Dir.

Erzengel Metatron

Notizen

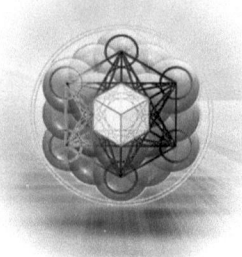

Freitag **26.** März

Samstag **27.** März

Sonntag 28. März   Beginn der Sommerzeit

Mittwoch 24. März

Donnerstag 25. März

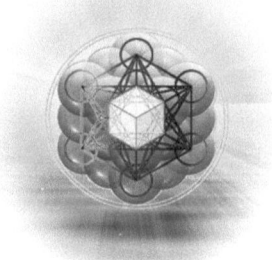

Lass mich fühlen, wie liebevoll ich bin, und ich bin Licht.
Gott, ich danke Dir.
Denn ich bin Licht.
Die Erzengel heilen mich, wenn ich darum bitte, und so dies
Gottes Wille ist.
So kann Erzengel Raphael sehr viel Transzendenz bewirken,
und den Ba der Einheit wieder herstellen. Wir können bitten:
Ich bitte Dich, geliebter Erzengel Raphael, erhöhe mein
Sein. Verbinde mich mit Gott selber, und verbinde mich mit
Deiner Kraft. Heile auch meinen Körper, und lass mich Deine
Liebe spüren.   .
Ich bin Licht.
Es gibt keine Trennungen, auch im Körper nicht. So sind wir
Licht.

Erzengel Raphael

Notizen

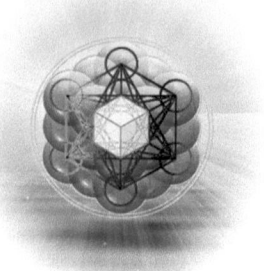

Montag 29. März

Dienstag 30. März

Mittwoch **31.** März

Donnerstag **01.** April

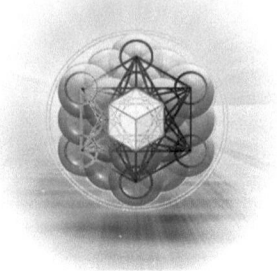

Erzengel Metatron, ich bitte Dich, geliebter Erzengel, verbinde mich mit Deiner Macht und Klarheit, und ich bin, der ich bin.
Ba Ra Sekhem.
Und die Macht Gottes wirkt in mir, ich bin Licht.
Die Macht Gottes, Geburah, Netzach, Binah, ist Klarheit, Wissen und Hellfühlen, Macht und Liebe zugleich, Heilung und Transzendenz.
Und wir sind Licht.
Ägyptisch: Ba Ra Sekhem.
Und die Anteile heilen, die in der Trennung waren.

Erzengel Metatron

Notizen

Freitag 02. April   Karfreitag

Samstag 03. April

Sonntag 04. April   Ostern

Montag **05.** April   Ostermontag

Dienstag **06.** April

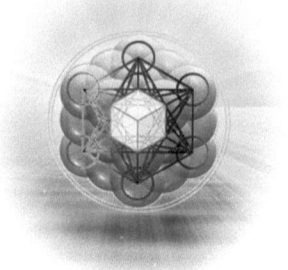

Erzengel Metatron, ich bitte Dich erneut, lass mich Deine Liebe spüren. Ich bitte Dich, geliebter Erzengel Sandalphon, erhöhe mein Sein.

Lass mich alle Lichtportale erschließen. Lass mich Gott selber dienen, und ich bin, der ich bin.

Ich danke Euch von Herzen. Und in Wahrheit bin ich Gott selber.

Und die Macht Gottes wirkt. Ba Ra Sekhem, ägyptisch, für reines Bewusstsein, Macht und Fülle im Leben und der Spiritualität.

Ich bin Licht, dies dürft Ihr sagen.

Ba Ra Sekhem. Und ich bin Licht. Ba Ra Sekhem.

Und die Macht Gottes wirkt.

Erzengel Metatron

Notizen

Mittwoch 07. April

Donnerstag 08. April

Freitag 09. April

Samstag 10. April

Sonntag 11. April

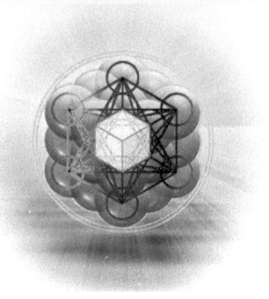

Montag 12. April

Dienstag 13. April

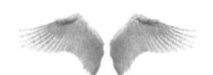

Mittwoch 14. April

Donnerstag 15. April

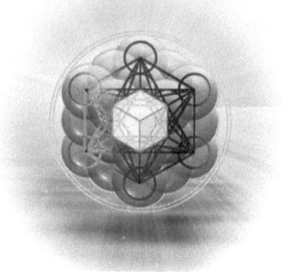

*Erzengel Metatron, ich rufe Dich, lass mich Deine Liebe
spüren.
Ich bin Liebe, ich bin Licht, ich bin Wille, ich bin Weisheit, und
ich manifestiere aus dem höchsten Bewusstsein, dass ich
Liebe bin.
Ba Ra Sekhem, und ich bin Licht.*

*Gott, bitte erlaube mir nun, die Macht der Engel und Erzen-
gel in mir zu spüren, und reine Transzendenz sei.
Ich heile alles, was nicht in der Liebe ist, denn ich bin Licht.*

Erzengel Metatron

Notizen

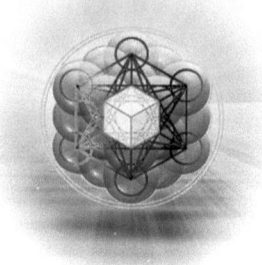

Freitag **16.** April

Samstag **17.** April

Sonntag **18.** April

Montag 19. April

Dienstag 20. April

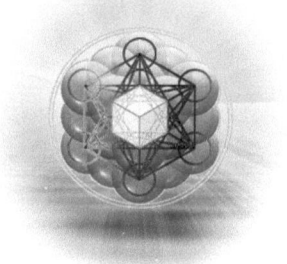

Erzengel Metatron, ich bitte dich, lass mich im Würfel Metatrons erwachen zum Licht.
Und ich bin in Wahrheit dieser Erzengel Metatron, und ich bin Licht.
Ägyptisch: Ba Ra Sekhem.

Und so weicht die Dunkelheit in mir, so dies Gottes Wille ist.
Und ich bin Leben.
Ich bin Wille, ich bin Weisheit, ich bin Gott selber.
Ich manifestiere aus dem höchsten Bewusstsein, dass ich Liebe bin, und ich bin Licht.
Ba Ra Sekhem.

Lasst dies nachwirken.

Erzengel Metatron

Notizen

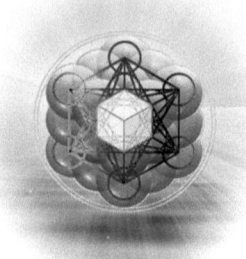

Mittwoch 21. April

Donnerstag 22. April

Freitag 23. April

Samstag 24. April

Sonntag 25. April

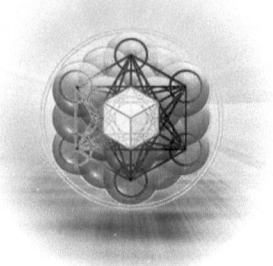

Ich wirke im Licht der Einheit, dies dürft Ihr sagen.
Und ich bin, der ich bin.
Ich bin Licht.
Und ich lebe im Licht der Einheit. Dies meint, ich bin Leben
und Gott wirkt.
Ich bin Licht.
Ba Ra Sekhem, ägyptisch, und die Anteile heilen.
Und wir leben, lieben, atmen und tanzen im Licht.

Erzengel Metatron

Notizen

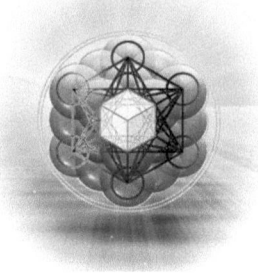

17. KW   26. April-02. Mai 2021

Montag **26.** April

Dienstag **27.** April

Mittwoch **28.** April

Donnerstag **29.** April

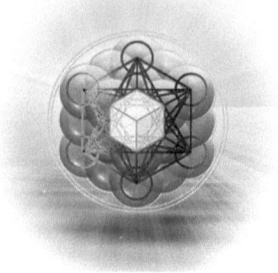

Wir sind Licht, und im Licht gibt es keine Trennungen. So leben wir im Licht, und wir sind Leben.
Erzengel Metatron wirkt und auch Erzengel Raphael. Sie heilen Euer Sein.
Und sie sind unendliche Liebe und Gnade.
Spürt die Liebe der Engel, und Ihr seid Licht.
Ihr seid Leben.
Ba Ra Sekhem, für ägyptisch: Lebenskraft und Eins-Sein. Wir sind Licht. Ba Ra Sekhem, und die Anteile in uns heilen.

Erzengel Metatron & Erzengel Raphael

Notizen

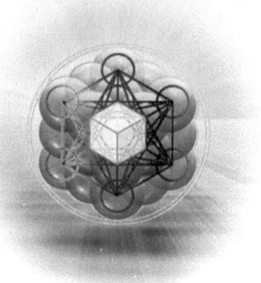

Freitag **30.** April

Samstag **01.** Mai   Tag der Arbeit

Sonntag **02.** Mai

Montag 03. Mai

Dienstag 04. Mai

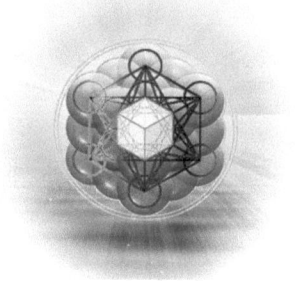

Erzengel Sandalphon, ich rufe Dich. Bitte heile meine Trennungen. Ich bitte Dich, lass mich Deine Liebe spüren, und ich bitte Dich um Liebe und Frieden im Herzen. Lass mich Liebe sein.

Lasst dies wirken und spürt die Liebe des Engels.

Sandalphon und Metatron

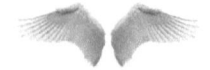

Notizen

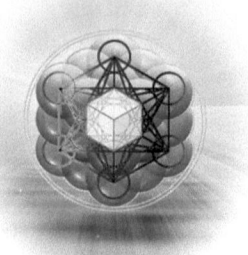

Mittwoch 05. Mai

Donnerstag 06. Mai

Freitag 07. Mai

Samstag 08. Mai

Sonntag 09. Mai   Muttertag

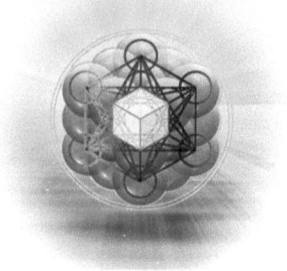

Erzengel Raphael, ich bitte Dich erneut, mich zu heilen.
Lass mich wissen, wie liebevoll Du bist, und die lichtvolle
geistige Welt.
Ich bin Leben, ich bin Licht, und ich bin Wille, und ich mani-
festiere, aus dem höchsten Bewusstsein, dass ich Liebe bin.

Ägyptisch: Ba Ra Sekhem.
Und wir lösen den Ka der Trennung in uns. Wir sind Licht.
Wir sind, die wir sind. Ba Ra Sekhem.

Erzengel Raphael

Notizen

Der Würfel Metatrons wirkt, und wir bitten darum.
Ba Ra Sekhem. Und wir spüren dies.
Ba Ra Sekhem.

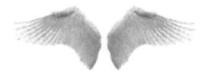

Montag **10.** Mai

Dienstag **11.** Mai

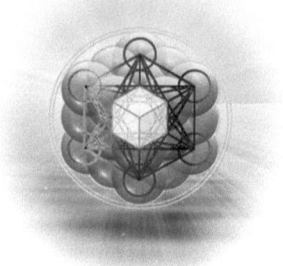

Erzengel Sandalphon, ich rufe Dich. Bitte spüre, wie liebevoll ich bin, und lass mich erfahren, wie göttliche All-Liebe wirkt.
Wo habe ich Blockaden?
Dann bitte ich Dich, diese Blockaden zu lösen, und mich heil sein zu lassen.
Ich danke Dir von Herzen, geliebter Erzengel Sandalphon.

Erzengel Sandalphon & Kuthumi

Notizen

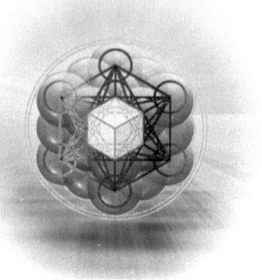

Mittwoch 12. Mai

Donnerstag 13. Mai   Christi Himmelfahrt

Freitag 14. Mai

Samstag 15. Mai

Sonntag 16. Mai

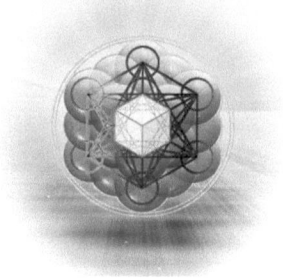

Gott lenkt, und wir sind die Erde.
Wir sind Licht, Liebe, Wille, und die Weisheit Gottes, und wir sind Licht.
Gott liebt uns unendlich.
Und wir lieben Gott. Und wir sind Leben.
Die reine Gnade Gottes fließt ein. Und so sind wir Leben. Spürt die Liebe Gottes, und die Engel sind wir selber. Wir sind, die wir sind.
Lassen wir uns von Gott heilen, und wir sind Licht.
Und unsere Zellen leuchten. Und wir sind Licht.
Danke Gott von Herzen, der wir in Wahrheit sind.

Gott & Kuthumi

Notizen

Montag 17. Mai

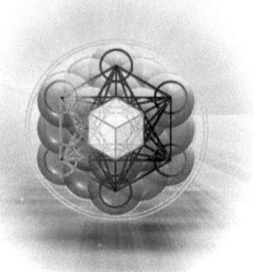

Dienstag 18. Mai

Mittwoch 19. Mai

Donnerstag 20. Mai

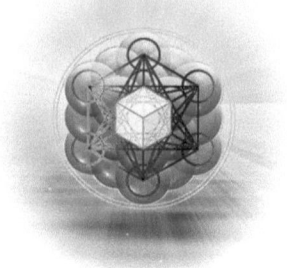

Wir heilen im Licht der Einheit.
Wir sind, die wir sind. Und wir sind Licht.
Spüren wir die heilige Geometrie, sie leuchtet und wirkt in uns.
Gott ist unendliche Liebe und Gnade, und er oder sie ist weder weiblich noch männlich, sie ist Licht unendliche Gnade und Fülle, und reine Transzendenz.
So sind unsere Lernthemen Licht. Wir bitten Gott zu Hilfe. Und Erzengel Metatron erhellt die heiligen Geometrien. Wir sind Licht. Und wir sagen: Ba Ra Sekhem. Uns zu erhöhen ist eine Kunst. Und diese Gnade wird uns zuteil, wenn wir aufsteigen. Dies ist Atlantis, und es heilt. Und der Ba heilt. Die heilige Barke leuchtet, und die Einheit ist. Ba Ra Sekhem.

Erzengel Metatron

Notizen

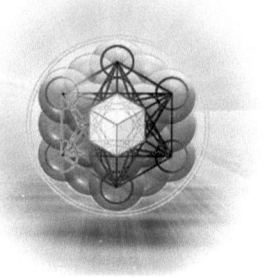

Freitag 21. Mai

Samstag 22. Mai

Sonntag 23. Mai   Pfingstsonntag

Montag **24.** Mai   Pfingstmontag

Dienstag **25.** Mai

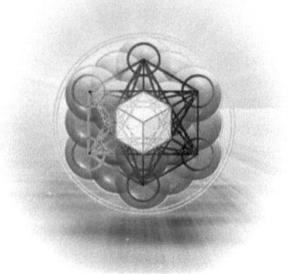

Wir sind, die wir sind.
Dies heißt: Wir sind Licht.
Wir sind aus Licht geboren.
Und die Einheit ist in uns.
Und wir schöpfen in Licht und Lieb, dass wir Liebe sind in
diesem Leben, und wir sind Licht. Ba Ra Sekhem.
Spüren wir die Liebe Gottes, und wir sind, die wir sind.
So können Engel & Erzengel, aufgestiegene Meister uns heilen,
wenn sie wollen. Und sie sind Licht. Unsere hohe Seele heilt,
und wir sind Gott selber.
Ba Ra Sekhem. Und wir sind Gott selber.

Kuthumi

Notizen

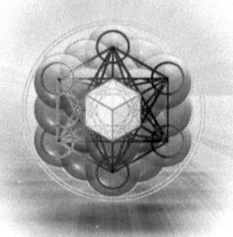

Mittwoch **26.** Mai

Donnerstag **27.** Mai

Freitag 28. Mai

Samstag 29. Mai

Sonntag 30. Mai

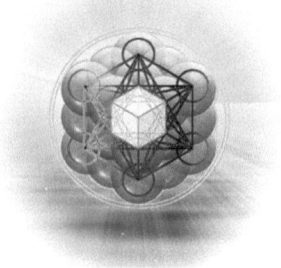

Gott heilt, und heilt, und Ihr seid Licht.
Ihr lebt im Licht der Einheit, die Anteile in Euch heilen. Die
Engel und Erzengel reichen Euch die Hand, Ihr seid Licht.
Seid, und die Engel helfen.
Spürt Eure Lernthemen, und Eure Krone heilt.
Löst sie mit Hilfe der Engel, und Ihr seid Licht.
Bittet sie, zum Beispiel Erzengel Metatron.
Und Ihr wisset, dass Ihr immer Licht seid.
Ihr könnt sprechen:

Bitte, geliebter Erzengel Metatron, heile meine Krone und
meine Chakren. Ich bin Licht und liebe Dich.
Gott liebt Euch unendlich, spürt seine oder ihre Liebe, und
Ihr heilt.

Metatron & Jesus Sananda

Notizen

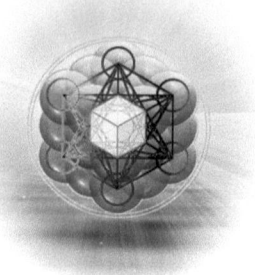

Montag 31. Mai

Dienstag 01. Juni

Ba Ra Sekhem, und die Erde heilt. Sie ist Licht, und wir sind dies. Wir sind dieser Planet und mehr, wir sind Gott selber, und wir heilen die Erde.
Lassen wir durch Gott und die Engel in den Planeten Heilenergien fließen, wo dies nun erlaubt ist.

Mutter Erde, bitte unterstütze den Prozess, ich verbinde mich mit Dir, und ich bin Licht.

Lauschen wir auf die Stimme Gottes und heilen im Licht der Einheit, und wir sind dies, Licht und Liebe.

Und Mutter Erde heilt, stets ein Stück aufs Neue, und wir sind Licht, Ba Ra Sekhem, um dies ägyptisch zu betonen.

Und Gott erleuchtet uns, wenn wir ihn liebevoll bitten, zum Beispiel durch folgende Affirmation: Lass mich, Gott, Deine Liebe spüren bitte erleuchte mein Gehirn, ich bin, der ich bin. Ich bin Liebe, Wille und Weisheit, und ich bin Gott selber, und ich bin Licht. Ba Ra Sekhem.

Und die Liebe Gottes heilt unser Gehirn, und wir integrieren unsere hellsichtigen und -fühligen Anteile in uns, die wir noch nicht integrierten. Ba Ra Sekhem. Ba Ra Sekhem.

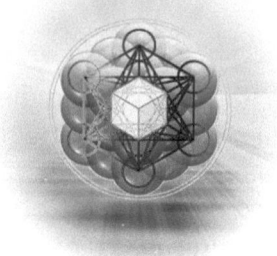

Jesus Sananda ist unendliche Liebe & Gnade. Er ist ein aufge-
stiegener Meister, der uns die Liebe lehrt.
Spürt die Liebe Gottes, und Jesus heilt unser Herz. Und Lady
Nada ebenso. Sie hielt unser Sein, und wir bitten sie in tiefer
Liebe und Demut, dass sie uns im Aufstieg begleitet, und wir
sind Licht. Ba Ra Sekhem, und wir sind Leben, und wir spü-
ren Lady Nada und Jesus Sananda, sie heilen uns im Licht
der Einheit, das wir in Wahrheit sind. Ba Ra Sekhem, um dies
erneut zu betonen, und wir sind Licht.

Spürt die Liebe Jesus, und sein Herz öffnet sich für unser Sein.
Spürt die Liebe, die er ist. Und Ihr seid Licht.
Er fühlt den Schmerz, den wir, häufig aus der Kindheit in uns
tragen. Und wir können ihm und Lady Nada das Herz in
die Hand geben. Und wir heilen. Lasst dies zu. Und wir sind
Licht.
Und tiefe Liebe und Demut wirken in Euch. Ihr seid, die Ihr
seid. Und die Distanz zwischen Mensch und Jesus ist häufig
im Herzen. Und dennoch bitten wir in Licht und Liebe zu
sein und zu leben, und wir sind heil. Denn Gott ist, und so
sind wir Licht und spüren Jesus, der uns begleitet.

Metatron & Jesus Sananda

Notizen

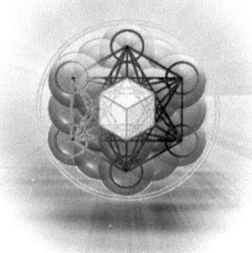

Mittwoch 02. Juni

Donnerstag 03. Juni   Fronleichnam

Freitag 04. Juni

Samstag 05. Juni

Sonntag 06. Juni

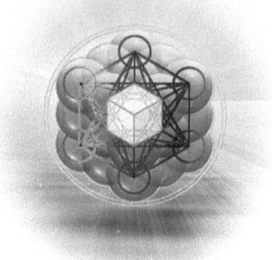

Gott lenkt, und wenn wir uns ganz dem Weg öffnen,
können wahre Wunder des Eins-Seins geschehen, wir bitten
in tiefer Liebe und Demut erneut, dass unserer Vorleben
heilen in uns, damit wir aufsteigen und ganz eins sind
mit Gott, und wir sind dies, Gott selber, und wir spüren die
Liebe Gottes in uns, und sie heilt unser Innen, und wenn wir
in tiefer Liebe bitten, werden wir erleuchtet.

Ba Ra Sekhem, und wir bitten draum, z.B. durch folgende
Anrufung:

Gott bitte erhelle mich, lass mich Deine Liebe spüren,
erleuchte mein Gehirn so dauerhaft wie möglich, und wir
sind Licht. Ba Ra Sekhem.

Sprüen wir dies? So danken wir Gott, und wir sind Gott
selber. Ba Ra Sekhem.

Notizen

Montag 07. Juni

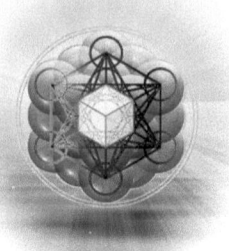

Dienstag 08. Juni

Mittwoch 09. Juni

Donnerstag 10. Juni

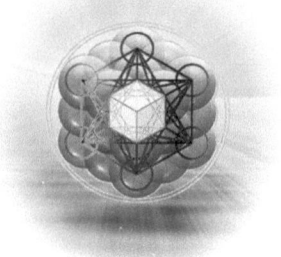

Gott, bitte heile mich, lass mich Deine Liebe spüren, und wir sind Licht.

Ich bitte Dich, Gott, heile mein Innen, so dass das Außen folgt, und ich bin Oben wie Unten und Innen wie Außen ohne Trennungen und Trennlinien, und ich gehe in die höchsten Reiche, aus denen ich stamme, und ich inkarniere mit allen Anteilen erneut, die in die Einheit gehen, damit sie heilen, und ich bin Licht und Ba Ra Sekhem.

Und wir spüren dies. Ba Ra Sekhem.
Gott lenkt, und wir sind Leben.

Notizen

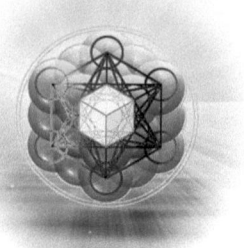

Freitag **11.** Juni

Samstag **12.** Juni

Sonntag **13.** Juni

Montag **14.** Juni

Dienstag **15.** Juni

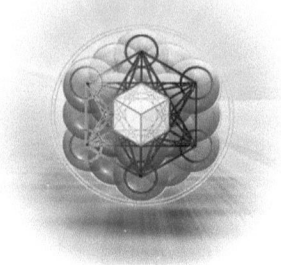

Gott ist, und wir sind, die wir sind. Gott heilt unsere Anteile erneut, und wir öffnen uns dem Licht, das wir in Wahrheit sind, und wir sind Licht. Ba Ra Sekhem.
Und wir sind Leben, Ankh, und die ägyptische Hieroglyphe leuchtet.

Und Thoth reicht uns die Hand. Der ägyptische Gott der Weisheit heilt unser 3. Auge und wir sind Licht, und wir spüren die Gnade, die darin liegt, und wir sind Licht. Und wir dienen ausschließlich Gott und dem Licht.

Spüren wir die Liebe Gottes und die Macht Gottes in uns, und wir sind Leben, und wir dienen dem Licht, indem wir alle Verträge lösen auf der Seeleneben, die wir jemals erzeugt haben. Und alle Energieversöhnungen sind schon erledigt und entschieden zum Licht, und wir sind Leben. Ba Ra Sekhem. Spüren wir dies?
Dann danken wir Gott und der Seele, und wir sind dies. Ba Ra Sekhem erneut.

Notizen

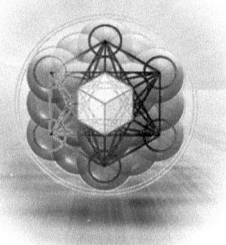

Mittwoch **16.** Juni

Donnerstag **17.** Juni

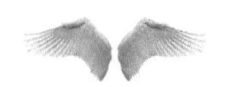

Freitag 18. Juni

Samstag 19. Juni

Sonntag 20. Juni

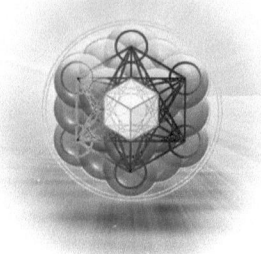

Wir stellen alle Anteile, die wir jemals gelebt haben in das Licht der Einheit und wir bitten Gott darum. Wir sind Licht. Alle Anteile in uns heilen und werden uns integriert, sollten sie auch schwierige Sachen erzeugt oder ertragen haben, und wir bitten Gott und Amun Ra darum, und wir sind Licht.

Ba Ra Sekhem, um dies zu betonen.
Und wir sind Licht.

Spüren wir diese Anteile? Bitten wir sie, in das Licht der Einheit zurück, und sie sind dies, Licht.

Und wir bitten sie, sich erneut zu integrieren, wenn sie geheilt sind im Licht der Einheit, und wir sind Leben. Und wir sind Licht. Und die Anteile heilen.

Gott lenkt, und wir heilen im Licht der Einheit, das wir in Wahrheit sind.
Ba Ra Sekhem.

Notizen

Montag 21. Juni

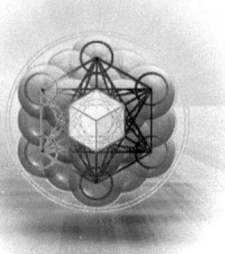

Dienstag 22. Juni

Mittwoch 23. Juni

Donnerstag 24. Juni

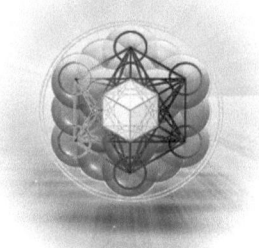

Echte Zellverjüngung fließt ein, und wir danken Gott dafür. Wir stellen uns in das Licht der Einheit und bitten Gott und die Engel uns mit universiellem Chi aufzufüllen, unseren Wohnraum, unser Feld, so dies erlaubt ist, und wir lösen alle Chakren in uns, damit dies besser gelingt. Ba Ra Sekhem, und wir sind Licht.

Wir bitten Gott erneut um Zellverjüngung, und stellen uns in diese Energie Gottes, indem wir uns mit Gott verbinden, der wir in Wahrheit sind. Es gibt keinen Raum und keine Zeit, und wir ziehen unseren Körper in das so genannte Heileruniversum, mit dem ich Euch verbinde, und ich bin, der ich bin. Ba Ra Sekhem. Nehmt Eure reine, heile Gestalt zu Euch, und Eure Körper verjüngen sich erneut. Ba Ra Sekhem, und alle Schwüre, Eide, Pakte und Flüche weichen, die dies noch verhindert hatten. Und ich bin, der ich bin.

Ba Ra Sekhem. Sprecht häufiger diese Affirmation.

Notizen

Freitag **25.** Juni

Samstag **26.** Juni

Sonntag **27.** Juni

Montag 28. Juni

Dienstag 29. Juni

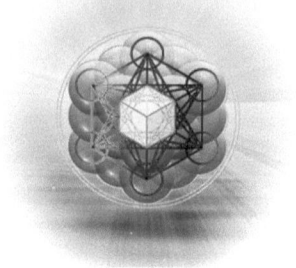

Gesundheit ist stets in uns.
Sie ist ein Zustand des Eins-Seins und durch uns selbst zu erhalten.
Gott, ich bitte Dich, stelle die göttliche Gesundheit in mir wieder her.
Denn ich bin, der ich bin.
Ich bitte Dich, erlaube mir zu erkennen, wo in meinem Leben ich die Ursachen erzeugte.
Ich bin, der ich bin.
Ich bitte Dich, mich zu heilen mit Licht.
und ich läutere mich mit Licht.
Ich bin, der ich bin.
Und ich bin Leben.
Und die Krankheit ist eine Illusion.
Und die Trennung geht.
Ich lasse alle Dunkelheit los, ich lasse alle Krankheiten los, ich bin, der ich bin.
Ich bitte auch Erzengel Raphael zu Hilfe,
und ich bin Licht.
Ba Ra Sekhem.
Und ich bin, der ich bin.

Notizen

Mittwoch **30.** Juni

Donnerstag **01.** Juli

Freitag 02. Juli

Samstag 03. Juli

Sonntag 04. Juli

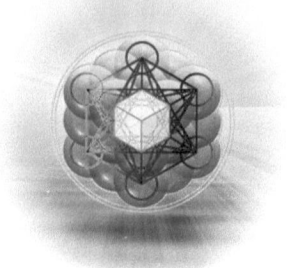

Ich bin, der ich bin.
Ich bitte um inneren Einklang.
Ich bin der Klang der Stille.
Und ich erlaube mir selbst, das innere Kind zu heilen.
Ba Ra Sekhem.
Wo seid Ihr noch nicht geheilt?
Und ihr erlaubt Euch die Erkenntnis.
Und ihr seid Licht.
Und ihr seid Liebe, und Ihr bittet in Liebe Eure inneren Kinder
zu Euch, und die Heilung geschieht, denn Ihr seid, die Ihr seid –
seid, und Ihr seid Licht.
Und Thoth wirkt, und die inneren Anteile heilen.
So sei es.
So ist es.
Und ich bin Ba Ra Sekhem.
Und ich bin Licht.

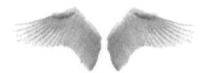

Notizen

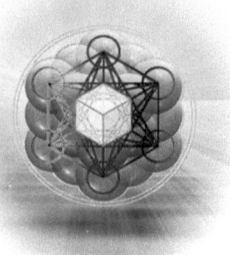

27. KW   05.- 11. Juli 2021

Montag 05. Juli

Dienstag 06. Juli

Mittwoch 07. Juli

Donnerstag 08. Juli

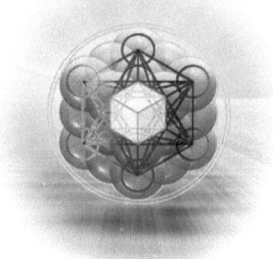

*Die Liebe ist die höchste Schwingung im All der Dualitäten,
und Gott ist reine Liebe.
reines Bewusstsein, eine unendliche, gnadenvolle Einheit, in
der Ihr alles erlebt.
Alles ist in Gott, und die tiefen Trennungen gehen, und in At-
lantis hattet Ihr höchstes Wissen zu erleben.
Und so sprechet:
Ba Ra Sekhem.
Und ich erlaube Atlantis erneut.
Seid, und Ihr seid Licht=Liebe.
Spürt die Liebe, die Ihr seid, und die Gott ist, denn Gott ist.
Ba Ra Sekhem.
Und Ihr seid Licht.
Die Erde ist ein lebendiges Gebilde.
Ba Ra Sekhem.*

Notizen

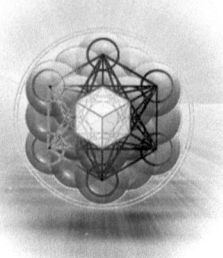

Freitag **09.** Juli

Samstag **10.** Juli

Sonntag **11.** Juli

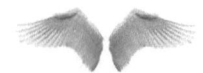

Montag 12. Juli

Dienstag 13. Juli

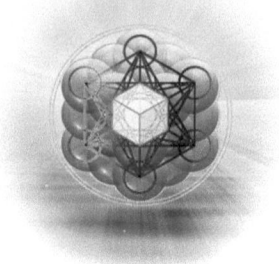

Heiliges Wissen fließt ein.
Und ich bin Ba Ra Sekhem.
Und ich erlaube Atlantis erneut.
Und Ihr seid Licht.
Und ich bin, der ich bin.
Seid, und Ihr seid Licht.
Und die heiligen Hallen von Amenti öffnen sich, und Euer Wissen kehrt zu Euch zurück.
Ich lösche alle Trennlinien, und ich bin Leben.
Ba Ra Sekhem. Dies dürft Ihr sprechen, und spürt die Hallen von Amun, die sind Licht, und empfanget Euer altes Wissen und Heilergewand des Lichtes erneut, so Ihr es noch nicht integriert hattet. Ba Ra Sekhem, um diesen Prozess zu unterstützen.
Ba Ra Sekhem, und ich bin Licht. Dies dürft Ihr sprechen.

Notizen

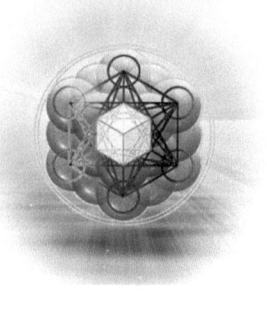

Mittwoch **14.** Juli

Donnerstag **15.** Juli

Freitag 16. Juli

Samstag 17. Juli

Sonntag 18. Juli

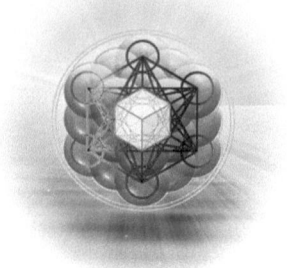

Ba Ra Sekhem, und Eure DNA werde heil.
Ba Ra Sekhem.
Und die Mitochondrien DNA heile ebenso.
Und Ihr seid Licht.
Und ich löse das Blei in Euch, Ba Ra Sekhem.
Und ich bin, der ich bin.
Spürt hinein, und ich bitte um Aktivierung Eurer lichtvollen DNA.
Ba Ra Sekhem.
Das Zellleuchten setzt ein.
Ich bin, der ich bin.
Ba Ra Sekhem.
Spürt hinein und Ihr seid Licht=Liebe.
Heilet im Licht der Einheit.
Ba Ra Sekhem.

Notizen

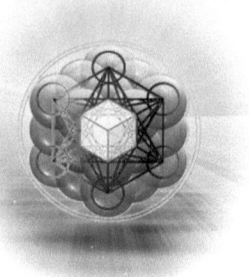

29. KW   19.- 25. Juli 2021

Montag 19. Juli

Dienstag 20. Juli

Mittwoch 21. Juli

Donnerstag 22. Juli

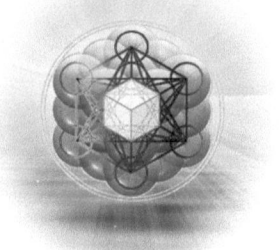

Die oberste „Ebene" des göttlichen Lebens ist in dieser Inkarnation zu erleben.
Darum dürft Ihr bitten:
Ich bin, der ich bin. Ich erlaube mir selbst, göttliches Leben zu sein, denn dies heißt, Gott selbst zu sein. Handeln, Denken, Fühlen wie Gott, bedeutet, sich selbst in aller Liebe und aller Weisheit und Freude das Leben zu schöpfen. Ba Ra Sekhem.

Was Euch bindet ist zumeist das alte Band mit Seelen, die Euch Lernthemen präsentieren. Löst sie, indem Ihr Euch nicht mehr an die Verabredung mit der dunklen Saat haltet. Ihr könnt sprechen:

Ich löse mich aus allen Verabredungen mit der dunklen Seite.
Ba Ra Sekhem. Ihr seid, die Ihr seid. Ihr seid ewig Gott selber.
Ihr erlöst das alte Blei durch Energieversöhnungen. Und sie sind bereits erledigt. Ba Ra Sekhem. Und Ihr spürt die Liebe Gottes.
Ba Ra Sekhem erneut.

Notizen

Freitag 23. Juli

Samstag 24. Juli

Sonntag 25. Juli

Montag **26.** Juli

Dienstag **27.** Juli

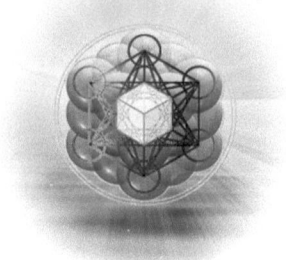

Von fernen Planeten kommen wir, und dieser Planet dient dem Leben.
Er ist, wie wir Licht, denn Licht ist, und Ihr seid Licht.
Ba Ra Sekhem.
Wenn Ihr in Euch hineinspürt, dürft Ihr die kosmischen Gesetze in Euch selbst wahrnehmen. Wo sendet Ihr Licht in Euer Sein, und wo seid Ihr (noch) Schatten?

Hebt Euer Schattenprinzip und bittet Gott um Hilfe, und auch Thoth hilft.

Licht ist die Substanz des All-Einen, und Ihr seid Licht. Heilt Eure Schatten und Ihr seid Licht. Lasst Gott Euch heilen, und Ihr seid, die Ihr seid. Ba Ra Sekhem.

Und wir lösen die Machtmissbräuche auch auf fernen Planeten, auf denen wir leben. Ba Ra Sekhem.
Und wir sind Licht.
Ba Ra Sekhem.

Notizen

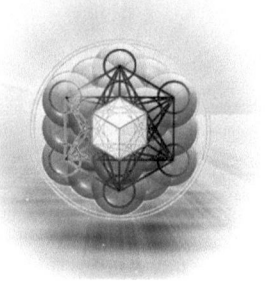

Mittwoch 28. Juli

Donnerstag 29. Juli

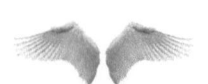

Freitag 30. Juli

Samstag 31. Juli

Sonntag 01. August

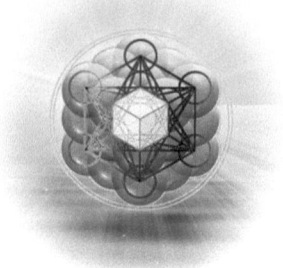

Auch auf anderen Planeten habt Ihr einst oder aktuell unter Umständen Macht missbraucht.
Löst auch dies, indem Ihr Gott bittet, Euch das Karma auf anderen Planeten zu erlassen oder zu erleichtern.
Ba Ra Sekhem.

Gott, ich bitte Dich, erlasse mir das Karma auch auf anderen Planeten, und ich bin, der ich bin. Ba Ra Sekhem. Und ich danke Gott von Herzen. Und alle Energieversöhnungen sind erledigt und entschieden zum Licht, und dies ist bereits geschehen. Ba Ra Sekhem.

Lauscht auf die Stimme Gottes, und Ihr seid Licht.
Was sagt Sie Euch?

Gott wirkt und heilt Euch, und Ihr seid Licht.
Ba Ra Sekhem. Und Ihr seid Leben.

Notizen

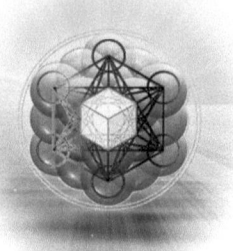

Montag 02. August

Dienstag 03. August

Mittwoch 04. August

Donnerstag 05. August

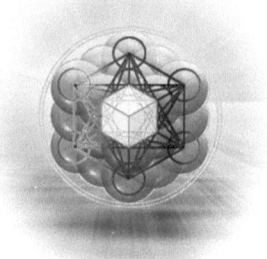

Ihr seid Leben, und Licht, und Ihr seid, die Ihr seid. Gott lenkt, und Gott heilt Euer Innen. Spürt die Liebe Gottes, und se heilt. Ba Ra Sekhem, um dies ägyptisch zu betonen. Alles ist Licht, und in Wahrheit gibt es keine Trennungen, und Ihr entzieht Ihnen Ihre Macht, zum Beispiel durch folgende Bitte:

Ich löse alle Trennungen und Trennlinien in mir, und ich bin Licht.

Ich diene nur Gott und dem Licht, und ich löse alle Schwere, alle frühkindlichen Bindungsstörungen in mir, ich bin, der ich bin, und ich bin Leben. Ba Ra Sekhem erneut.

Und ich erlaube mir dies zu sein. Ich bin Licht, und die Liebe Gottes heilt. Und ich bin reiner Kanal, dies dürft Ihr sagen.

Ba Ra Sekhem.

Notizen

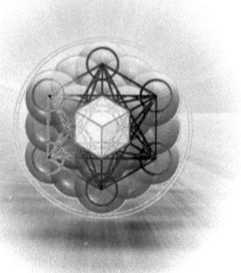

Freitag 06. August

Samstag 07. August

Sonntag 08. August

Montag 09. August

Dienstag 10. August

Ich bin, der ich bin. Dies dürft Ihr sagen, und ich bin Licht und Leben. Ich bin Leben, und die Erde ist Licht.

Und wenn wir aufsteigen, spüren wir dies sehr deutlich. Alles ist in Gott, und alles ist Gott, und so sind aufgefordert, uns nach den kosmischen Gesetzen zu verhalten. Sollten wir dies einmal nicht tun oder „vergessen", sprechen wir in Liebe und Demut:

Gott, bitte löse alle negativ geschöpften Realitäten in mir (die meist auf falschen oder schwächeren Glaubenssätzen oder falschen Wahrnehmungen beruhen), und ich löse ebenso alle frühkindlichen Bindungsschwächen in mir, und ich bin Licht.

Gott, bitte löse alle falsch geschöpften Realitäten, die ich jemals schuf, und ich bin, der ich bin.

Ba Ra Sekhem, und ich bin Licht. Und ich lasse die Dunkelheit los.

Notizen

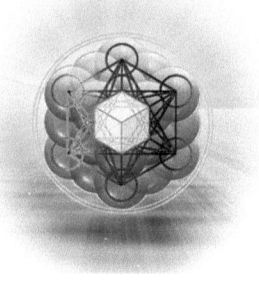

Mittwoch **11.** August

Donnerstag **12.** August

Freitag 13. August

Samstag 14. August

Sonntag 15. August

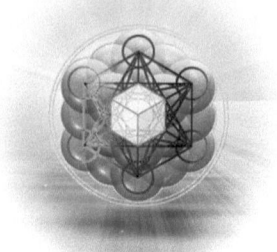

Das universelle Chi, es fließt ein, und wir lassen es zu.
Wir spüren die Liebe Gottes, und wir verbinden uns mit diesem
Chi, damit es in jede Körperzelle fließt, und es strömt, es fließt.
Es heilt unser Innen. Und wir spüren dies. Gott und die Engel
wirken, und wir aktivieren auch die Merkaba. Sie trägt uns die
höchsten Reiche, und wir sind Licht.

Und ich bin Licht, dies dürft Ihr sagen. Und ich bin, der ich bin.
Gott, bitte erlaube mir, dies Chi nun stets in mir (und, so es
erlaubt ist, hier in einem heiligen, heilenden, multidimensio-
nalen, galaktischen, omniversalen Raumes, auch für andere)
fließen zu lassen.

Gott lenkt, und wir danken Gott und den Engeln.

Spüren wir dies? Dann lassen wir es erneut fließen an die Stel-
len in uns, die Heilung benötigen. Nehmt Euch Zeit dafür und
spürt, wie es wirkt. Ba Ra Sekhem.
Und ich bin Licht.

Notizen

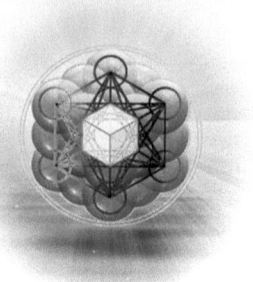

Montag **16.** August

Dienstag **17.** August

Mittwoch 18. August

Donnerstag 19. August

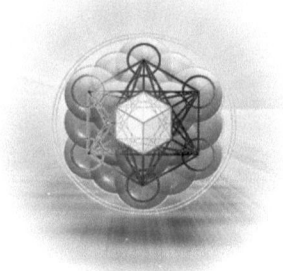

Wir sind Licht – und darum sprechen wir:
Ich bitte Dich, Gott, offenbare mir das reine Bewusstsein der
Einheit in mir. Ich bin Licht. Und ich bin, der ich bin.
Lass mich Liebe sein. Offenbare mir, wie ich aus dieser Einheit
heraus wirken und manifestieren kann.
Bitte erlaube mir dies:

Ich verbinde mein höchstes Bewusstsein mit dem „niedrigsten", dem materiellen. Oben wie unten, innen wie außen.
Und ich bin ohne Trennlinien, wenn ich mir dies erlaube. Und
ich bin, der ich bin.
Ich bin auf allen Instanzen und Dimensionen anwesend,
und ich manifestiere, dass ich von nun an aus diesem Bewusstsein wirken kann.
Bitte erlaube mir, meine Kraft nun einzusetzen um eine Ma-
nifestation aus dem hohen
Liebesbewusstsein zu tätigen, das ich bin.

Ich manifestiere, dass ich nunmehr die Seelenverschmel-
zung vornehme und durch diese Verbindung des Höchsten
mit dem Niedrigsten meine Manifestationsenergie auf allen
Instanzen und Dimensionen entfalte. Ba Ra Sekhem, um dies
ägyptisch zu betonen.
So ist es.

Gott selber

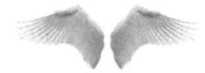

Notizen

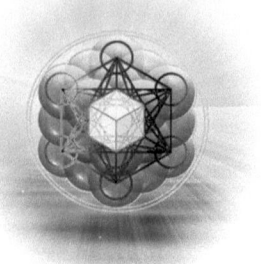

Freitag **20.** August

Samstag **21.** August

Sonntag **22.** August

Montag 23. August

Dienstag 24. August

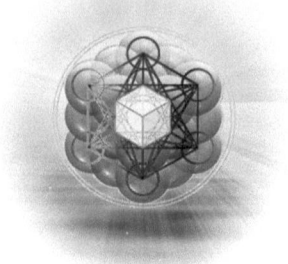

Spürt die Liebe Gottes, und die Anteile in Euch sind heil.
Wir sind Licht. Und wir sind, die wir sind.
Und alle „frühkindlichen Bindungsstörungen" sind Illusionen.
Sprecht dies drei mal oder mehrfach:
Alle „frühkindlichen Bindungsstörungen" sind Illusionen.
Ba Ra Sekhem.
Und wir sind Licht.
Ba Ra Sekhem. Und Gott heilt.
Er oder sie ist weder männlich noch weiblich. Und wir heilen
in Licht der Einheit.
Ba Ra Sekhem.

Gott selber

Notizen

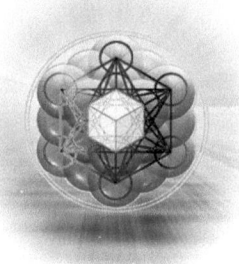

Mittwoch 25. August

Donnerstag 26. August

Freitag 27. August

Samstag 28. August

Sonntag 29. August

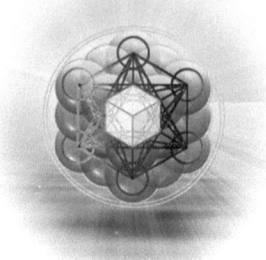

Wir sind Licht und Leben, und Gott heilt uns. Wir sind Le-
ben. Und wir spüren die Liebe
Gottes. Und Gott heilt. Alles ist Licht, und die Erde heilt.
Wir sind, die wir sind.
Und wir sind Leben, ägyptisch: Ba Ra Sekhem.
Und Gott ist.

Gott selber

Notizen

Montag 30. August

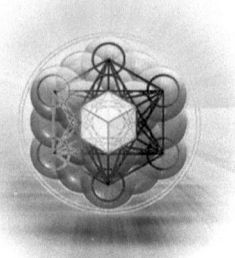

Dienstag 31. August

Mittwoch 01. September

Donnerstag 02. September

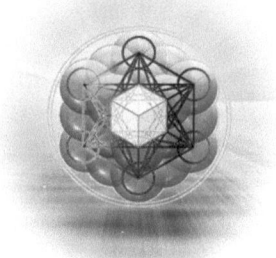

Seid, und Ihr seid Licht.
Ägyptisch: Ba Ra Sekhem. Und alle Anteile heilen und die
heilige Barke leuchtet, und Ihr seid, die Ihr seid.
Ba Ra Sekhem.
Und Gott reicht Euch die Hand, und Ihr seid, die Ihr seid.
Merlin, Metatron, Kuthumi sind hier, um Euch zu helfen,
wenn Ihr dies wünscht. So sprechet weise:
Ich bin Licht, Liebe, ich bin Wille und Weisheit und ich diene
nur Gott und dem Licht.
Ba Ra Sekhem, um dies zu betonen.
Und Ihr seid, die Ihr seid.

Merlin

Notizen

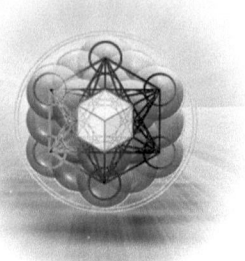

Freitag 03. September

Samstag 04. September

Sonntag 05. September

Montag 06. September

Dienstag 07. September

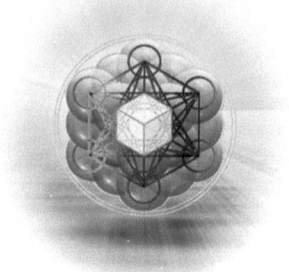

Spürt die Liebe der Seele, die Ihr in Wahrheit seid, und lasst
Euch ganz fallen in die Arme Gottes. Alles ist Licht und dient
dem Ziel des Wachsens und Reifens. Ihr seid, die Ihr seid.
Ba Ra Sekhem, um dies ägyptisch zu betonen.
Lasst dies wirken und Metatron reicht Euch die Hand.
Ba Ra Sekhem.

Metatron

Notizen

Mittwoch 08. September

Donnerstag 09. September

Freitag 10. September

Samstag 11. September

Sonntag 12. September

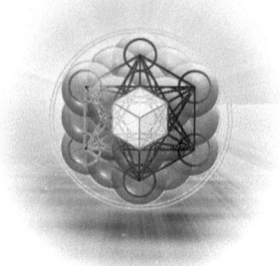

Wir sind Licht, und wir heilen im Licht der Einheit, die wir in Wahrheit nie verließen. So öffnen wir die Tore zum Himmel in uns, damit wir aufsteigen, und Gott reicht uns die Hand, wir sind Licht.

Ba Ra Sekhem. Und die Anteile in uns heilen, und wir steigen „in den Himmel". Dies sind die Dimensionen der höchsten Reiche in uns selbst, die Gott einst schuf, damit wir die Erlebnisse der Dualität überhaupt erzeugen konnten. So lebt sich das Höchste Selbst in uns und den „Armen", den Seelen, und wir ziehen uns zur Einheit zurück, die wir nie verließen, und so sind wir, die wir sind. Gott lenkt und wir fallen in die Arme Gottes, der uns unendlich liebt. So sind wir Licht und aus Licht geboren. Wir sind Licht.

Ba Ra Sekhem, und wir heilen im Licht der Einheit. Ba Ra Sekhem.

Merlin & Metatron

Notizen

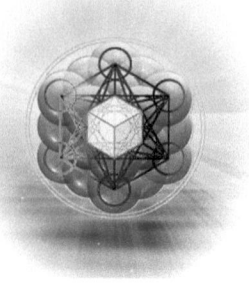

Montag **13.** September

Dienstag **14.** September

Mittwoch **15.** September

Donnerstag **16.** September

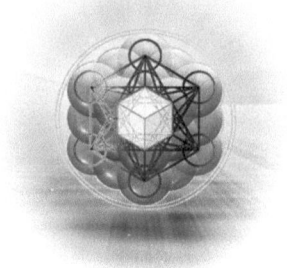

Dankbarkeit ist ein wunderbare Energie.
Sie erzeugt Liebe (zum Sein). Und so danken wir den Engeln
und Erzengeln und Gott selber. Wir sind Licht. So danken wir
erneut, und wir sind Licht.
Gott heilt, und wir sind Leben.

Gott

Notizen

Freitag 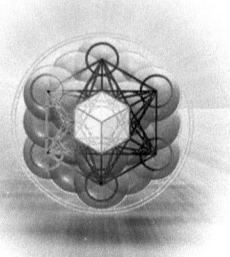 17. September

Samstag 18. September

Sonntag 19. September

Montag 20. September

Dienstag 21. September

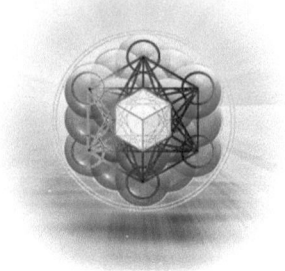

Folgende „Bilder" / Methoden stammen aus der so genann-
ten
katathymen Therapie (auf die Gefühle bezogen). Hier werden
zwei Bilder vorgestellt. Wir können sie in Verbindung mit Gott
und den Engeln und Erzengeln nutzen, um uns selbst zu
klären und innerpsychisch auch zu heilen. Sie sind aus dem
Workshop-Buch: Heilen mit der Kraft innerer Bilder. Ein
paar sind hier abgedruckt, um den Zugang zu dieser Form
der
Heilung zu erleichtern. Auch hier gilt, dass Gott lenkt, und wir
Traumen und innere Muster klären und aufweichen, um uns
selbst besser zu leben im Licht der Einheit.
Zum Umgang mit den Bildern, die zum Beispiel zur Selb-
stüberprüfung dienen und Hürden in uns
aufweichen:
Wir spüren das Bild, wissen oft intuitiv, worum es hierbei geht,
und schauen, wie wir mit einem Bild umgehen. Tritt zu uns
etwas „Düsteres", dann bitten wir Gott und die Engel um
Hilfe.
Spüren wir Erleichterung, dann sind wir heil und
können dies Bild in Gänze heilen. Sowohl im
zwischenmenschlichen Bereich werden wir
nahbarer als auch im Umgang mit uns selber.

Notizen

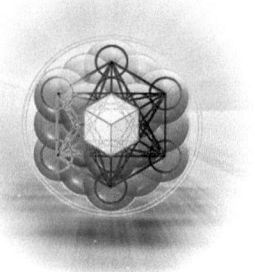

Mittwoch 22. September

Donnerstag 23. September

Freitag 24. September

Samstag 25. September

Sonntag 26. September

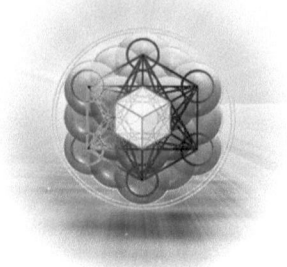

Stellen Sie sich ein Wiese vor und spüren hinein.

*Wie fühlen Sie sich? Sie gibt Auskunft über den „Gemüts-
zustand", den wir selbst oder Klienten zur Zeit besitzen. So
können wir nun Die Engel um Hilfe bitten, um das „Bild" (und
unser Gemüt zu heilen).*
Zu uns tritt ein Engel, es ist der Erzengel Gabriel.

*Der Engel möchte, dass wir uns ganz dem Licht öffnen. Und
wir bitten ihn um Heilung.*
Wir sind reiner Kanal.
Wir spüren die Liebe Gottes, und sie heilt.
Spüren wir Erleichterung?
*Dann ändert sich meist auch das Bild, das wir betrachtet hat-
ten. Betreten wir sie öfter, die Wiese, und wir danken Gott und
den Engeln.*
Das nächste Bild kann ein Vulkan sein:

Notizen

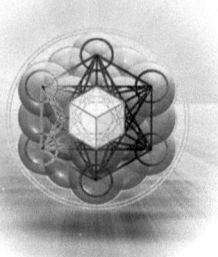

Montag 27. September

Dienstag 28. September

Mittwoch 29. September

Donnerstag 30. September

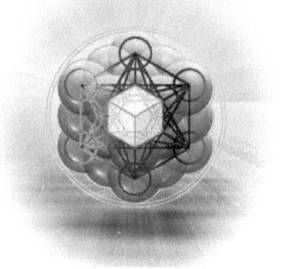

16. Der Vulkan

Der Vulkan besitzt das Phänomen, zu den absolut tiefsten Schichten eine Verbindung zu haben. Seine symbolische Bedeutung liegt im Freiwerden von extrem aggressiven Impulsen. Deshalb wird er zum Abreagieren von starken aggressiven Impulsen verwendet. Dadurch können die inneren aggressiven Erregungen – meistens extreme Wut – abreagiert und abgebaut werden. Der Klient rastet aus. Beim Einsatz dieser Therapiemöglichkeit entstehen beim Klienten keinerlei Schuldgefühle. Und er kann alles, was ihn wütend macht, in den Krater werfen. Dabei spielt es keine Rolle, ob dies Sachen sind oder Tiere, Symbolgestalten oder auch Menschen, die er abgrundtief hasst. Der Hass verfliegt und der Vulkan erlischt. So besteht jetzt wieder die Möglichkeit, normal weiter zu arbeiten. Beim Sumpfloch, dem Meer und dem Vulkan wird fast der gesamte Abwehrmechanismus unterwandert und außer Kraft gesetzt. Deshalb kann es hierbei auch zu heftigsten Reaktionen kommen.

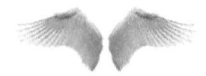

Notizen

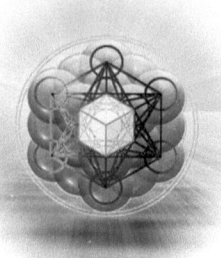

Freitag **01.** Oktober

Samstag **02.** Oktober

Sonntag 03. Oktober   Tag der Deutschen Einheit

Montag 04. Oktober

Dienstag 05. Oktober

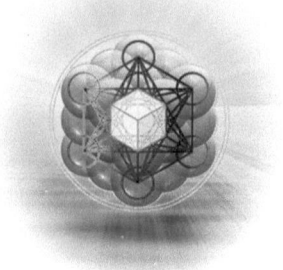

*Spüren wir hinein und lassen alle Wut und Traurigkeit los.
Hierzu hilft es, auch unser Gottesbild zu heilen.*

*Gott, bitte löse alle übernommenen Glaubenssätze, die
ich selbst manchmal nicht erkenne. Lass mich Deine Liebe
spüren, und heile mein inneres Kind erneut. Ich bin Licht. Lass
mich alle „Psychosen", „Neurosen" bei mir spüren und wahrnehmen. Lass mich in tiefer Liebe und Demut ausschließlich
dem Licht und Gott, also Dir selber dienen. Ich bin, der ich
bin. Und ich bin Licht.*

*Alle Psychosen sind Illusionen, alle Bindungsstörungen sind
Illusionen, alle Neurosen sind Licht. Die Dunkelheit geht, und
wir sind, die wir sind.
Wir leben Bezogenheit und Liebe, und die Liebe Gottes heilt.
Und wir sind Licht.
Fühlen wir uns frei und geborgen?
Fühlen wir uns geliebt von Gott?
Wir stellen uns einmal Gott als Bild vor.
Wie sieht dies Bild aus?
Was sehen wir?
Ist Gott ein Mann? Oder eine Frau?
Ist sie oder er liebevoll, gütig, oder zornig, streng?
Spüren wir seine/ihre Liebe?*

Notizen

Mittwoch 06. Oktober

Donnerstag 07. Oktober

Freitag 08. Oktober

Samstag 09. Oktober

Sonntag 10. Oktober

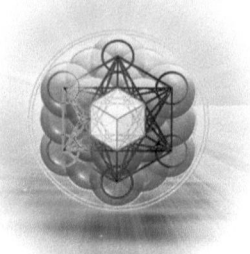

Spüren wir erneut. Wie heilt es?
Durch Gott selber, der wir in Wahrheit sind.
Unser Gottesbild heilt.
Wir bitten Gott in tiefer Liebe und Demut um Frieden,
Glück, und Zufriedenheit, und dann sind wir dies: Liebe
und Frieden. Spürt die Liebe Gottes und sie heilt.
Dann sind wir rein und heil. Wir sind, die wir sind.
Alle Trennungen gehen in uns, alle Traurigkeit, auch die
übernommene, weicht, und wir sind Glück und Frieden.
Wir könnten auch sagen, dass wir die Elementale (die wie-
derkehrenden Gedankenmuster, die „dunkel", abgetrennt,
nicht in der Fülle und Angst oder Neurose sind) ablegen.
Gott, bitte lösche alle Elementale in mir.
Und wir sind Licht.
Spürt die Liebe Gottes und sie heilt erneut.
Ist unser Gottesbild nun geheilt und in Freude?
Spüren wir die Liebe, die wir in Wahrheit sind?
Und unsere Elementale weichen.
Wir sind Licht.
Wir danken den Engeln und Erzengeln und Gott selber,
den aufgestiegenen Meisterinnen und Meistern und wir
sind Licht.

Notizen

Montag **11.** Oktober

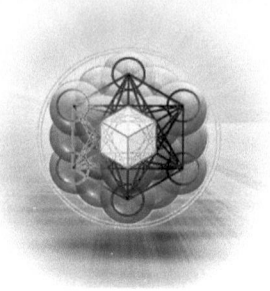

Dienstag **12.** Oktober

Mittwoch **13.** Oktober

Donnerstag **14.** Oktober

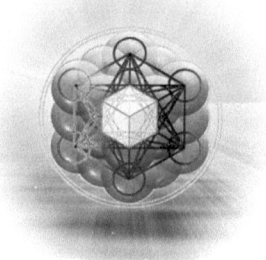

Aufgestiegene
Meister

wie Kuthumi, Serapis Bey, Merlin, St. Germain,
Lady Nada, Jesus Sananda, Kuan Yin, helfen
uns, wenn wir sie darum bitten. Und so bitten
wir um die Unterstützung der Meister.
Meister Kuthumi, bitte heile mein Herz,
kann eine Bitte lauten. Es wird lichtvoller,
wenn Gottes Wille geschehe.
Diese Karte kann ein wahrer Segen sein.

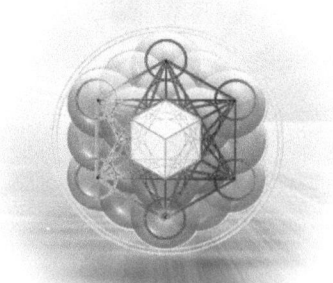

www.christian-huels.de

Notizen

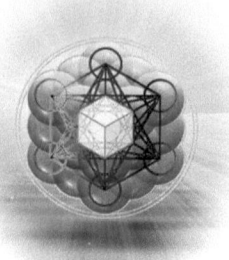

Freitag **15.** Oktober

Samstag **16.** Oktober

Sonntag **17.** Oktober

Montag **18.** Oktober

Dienstag **19.** Oktober

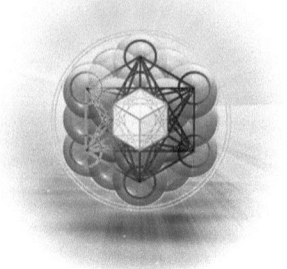

*Echte Tiefenpsychologie meint, dass wir die
Schrecken der Kindheit in uns verarbeiten und an die
Urwunde allen Seins gelangen. Sie meint, Mangel und
Gefühle der Abtrennung ertragen zu müssen. Aber sie
ist Licht, wenn dies Gottes Wille ist, und so bitten wir um
Heilung unsere Transzendenz.
Und ich bin Licht, dies dürfen wir sagen.
Und Gott ist unendliche Liebe und Gnade.
Und so sind wir Licht.
Wir spüren die Liebe Gottes, und sie heilt die Urwunde in
der Kindheit bereits.
Und wir spüren dies.*

Namasté.

Notizen

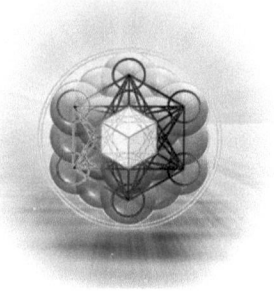

Mittwoch 20. Oktober

Donnerstag 21. Oktober

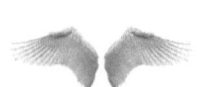

Freitag 22. Oktober

Samstag 23. Oktober

Sonntag 24. Oktober

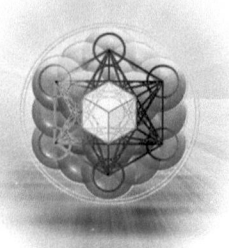

Heiler im Herzen

wie die aufgestiegenen Meister, Jesus Chris-
tus Sananda zum Beispiel, sind Vorbilder und
helfen. Sie heilen Dein Herz, denn Du bist ein
Heiler.
Ägyptisch: Ba Ra Sekhem.
Und die Liebe Gottes heilt.
Sie heilt die Herzen und das Gehirn.
Und wir sind Licht.
Wir sprechen:
Ba Ra Sekhem. Und wir sind Licht.
Gott ist, und wir sprechen: *Ich bin, der ich bin.*
Ba Ra Sekhem.

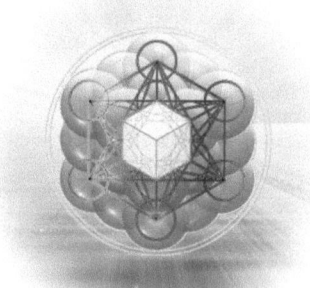

www.christian-huels.de

Notizen

43. KW   25.- 31. Oktober 2021

Montag 25. Oktober

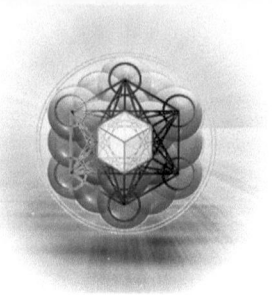

Dienstag 26. Oktober

Mittwoch **27.** Oktober

Donnerstag **28.** Oktober

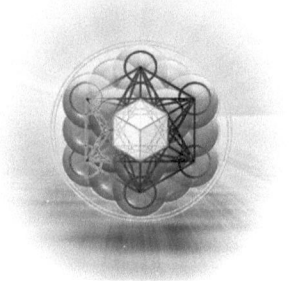

Gott heilt, und wir sind Licht.
Wir dürfen Gott danken und Gott ist.
Gott heilt die Krone am Baum des Lebens, und wir sind
Licht.
Ba Ra Sekhem.

Merlin & Kuthumi

Notizen

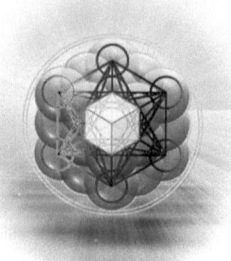

Freitag **29.** Oktober

Samstag **30.** Oktober   Reformationstag

Sonntag **31.** Oktober   Ende der Sommerzeit

Montag 01. November   Allerheiligen

Dienstag 02. November

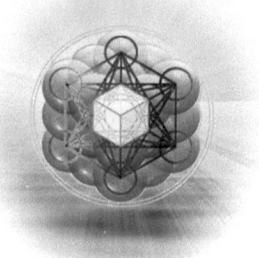

Euer Seelenatem heilt.
Und Ihr seid Licht.
Ba Ra Sekhem.

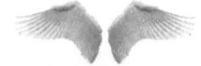

Notizen

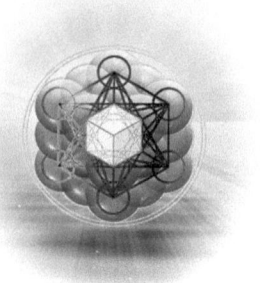

Mittwoch 03. November

Donnerstag 04. November

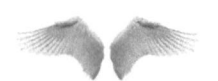

Freitag **05.** November

Samstag **06.** November

Sonntag **07.** November

Lasse Dich ganz fallen in die Arme Deiner Seele und fühle die Liebe Gottes, der wir in Wahrheit sind. Spüre hinein, und ich bin, der ich bin, dies dürfen wir sagen.

Spüre die Heilung und die Resonanz, die Gott ist.
Wenn Du nun darum bittest, dass Gott Dich erhöht, wird Dir das Karma erlassen, das einst erzeugt wurde in vielen Leben.
Wenn wir häufiger darum bitten, wird dies eventuell verstärkt.
So bitte weise:
Gott, bitte erlaube mir, nun so viel Karma wie möglich zu lösen und zu heilen im Licht der Einheit, das ich in Wahrheit selbst in, denn ich bin Licht, und ich bin Ba Ra Sekhem, und ich heile mich selbst im Licht der Einheit, und ich bin Licht. Ba Ra Sekhem. Und ich bin Licht.

Spüren wir die Liebe Gottes, und sie heilt.
Und wir sind Licht. Ba Ra Sekhem erneut.
Und wir bitten Gott, unser Gehirn zu erleuchten.
Ba Ra Sekhem.

Notizen

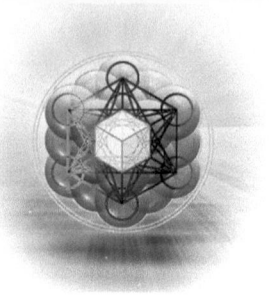

Montag 08. November

Dienstag 09. November

Mittwoch 10. November

Donnerstag 11. November

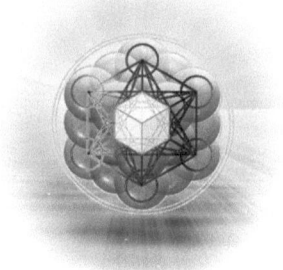

Bitte sprich ganz liebevoll:
Ich bin Licht, ich bin Liebe, ich bin Wille und ich bin Gott
selber. Ich erlaube dies, denn ich bin Licht.
Ich bin Gott selber, und die Meister Kuthumi, St. Germain,
Lady Nada, die Göttin Isis, die Gottheit Seth, sowie Thoth,
den Licht-Horus, sie bitte ich, mich zu heilen.
Ba Ra Sekhem.
Und ich bin Licht.
Und mein Karma weicht erneut
Ba Ra Sekhem.

Ich danke Gott von ganzem Herzen, denn ich bin, der oder
die ich bin.

Sollte nun eine Rückführung angezeigt sein, folge ich dem
Link und spüre hinein, zum Beispiel durch folgende Bitte:
Gott, bitte erlaube mir nun, ein früheres Leben anzuschauen,
das mich in diesem blockiert, oder in dem ich anderen Leid
zufügte. Ich bin, der ich bin, und ich erlaube mir dies, denn
ich bin Licht. Ba Ra Sekhem.
Und Gott heilt.

www.christian-huels.de/rueckfuehrung.mp3

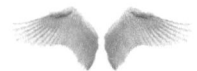

Notizen

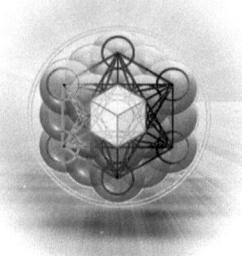

Freitag **12.** November

Samstag **13.** November

Sonntag **14.** November

Montag **15.** November

Dienstag **16.** November

Wenn wir „aufsteigen", erfahren wir Erlebnisse, die wir in der „Normalität" unseres bisherigen Lebens und Alltags nicht in der Weise gespürt hatten. Wir werden hellsichtig, klarsichtig, hellfühlig und -hörig. Wir erleben die göttliche Urquelle, und sprechen aus weiser Perspektive aus dieser Quelle, durchgegeben von ihr, Worte der Heilung & Transzendenz.

Ein Beispiel:

Ich bin das Ich-Bin-Bewusstsein und ich erlaube mir zu channeln in der Reinheit des göttlichen Bewusstseins.

Alle Trennungen gehen, alle Treueeide gehen, denn ich bin, der ich bin. Und ich bin Licht.

Und wenn ich mich ganz Gott öffne, dann klärt sich der Ba der Trennung (ägyptisch für hohe Seele) zur Einheit erneut, denn wir sind Leben.

Und alle Anteile in uns heilen und auch unsere Verletzungen des Fühlens, des Wahrhabens ziehen sich zu reiner Transzendenz zurück – wir heilen alles in uns. Denn wir sind, die wir sind.

Und dann kann der Ba der Trennung in die Einheit, den Aufstieg, gehoben werden.

Und Gott und Amun Ra sprechen erneut:

Wir sind Leben, wir sind, die wir sind.

Und wir erlauben uns selber zu leben, lieben, lachen im Licht der Einheit, die wir in Wahrheit sind und nie verließen. Wir sind Leben.

Ankh – ägyptisch: Und der Sonnengott erleuchtet unser Gehirn.

Ba Ra Sekhem (Amun, ich bitte Dich meinen Geist, mein Höchstes Selbst von nun an nur Licht, Liebe, Leben und Fülle in mir erleben zu lassen.) [Weiter auf S. 290]

Notizen

Mittwoch **17.** November

Donnerstag **18.** November

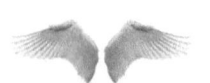

Freitag **19.** November

Samstag **20.** November

Sonntag **21.** November

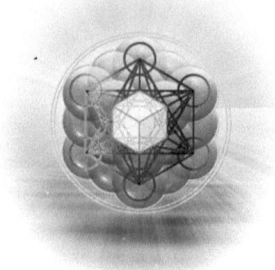

Und reine Transzendenz sieht dies vor.
So seid, und Ihr seid, die Ihr seid.
Ägyptisch: Ba Ra Sekhem – und Ankh (=Leben).
Und Amun Ra lässt die Sonnenbarke leuchten.
Und der ägyptische Gott der Weisheit – Thoth lässt den göttlichen
Menschen in uns erblühen.

Und wir bitten ägyptisch (oder deutsch: Nuk hekau, nuk hekau, nuk
hekau = Ich bin Macht, und ich lasse alle Dunkelheit los, ich vertreibe
alle Dunkelheit erneut).

Ba Ra Sekhem, und der Ka (der Lichtkörper der Trennung), er weicht.
Wir sind Licht, reines Bewusstsein und unser Körper heilt erneut, denn
wir sind Licht=Leben.
Und die Schlange des Lichtes heilt, sie ist unendliche Gnade und
„Führung" für den Lichtmenschen in uns. Und die Welt heilt, wenn wir
Amun darum bitten.
Wir können auch Gott und Amun Ra darum gleichzeitig bitten, denn
sie sind in einem All der Dualitäten eins. Und so wir. So bitten wir um
Heilung, Transzendenz, Macht und Schwingungserhöhung.
Erlaubnis erteilt, denn Gott ist allmächtig. Und so sind wir erleuchtet,
wenn wir dies zulassen und wünschen, denn wir sind Licht.
Und die heilige Barke leuchtet und löst Trennungen und Verletzungen
in uns und in der Welt, die unser Bewusstsein vorhält. Dies heißt, wir
können diese Welt durch unser Bewusstsein heilen.
Und wir sind Ba Ra Sekhem, und auch die Tiere heilen mit uns.
Ba Ra Sekhem, sie sind Licht, wie wir. [Weiter: S. 294]

Notizen

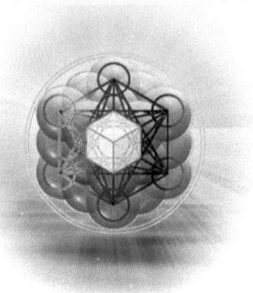

47. KW   22.- 28. November 2021

Montag 22. November

Dienstag 23. November

Mittwoch 24. November

Donnerstag 25. November

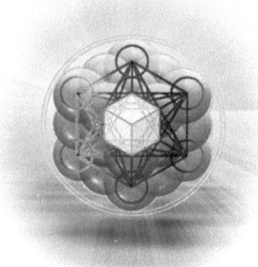

Ba Ra Sekhem.
Lasst Euch fallen in die Arme Eurer Seele und seid, und Ihr seid, die Ihr seid.

Ba Ra Sekhem.

Und wenn Ihr spürt wie Eure Welt heilt, heilt Ihr den Teil in Euch und im Außen, wenn Ihr so wollt, den Ihr in die Liebe und Einheit transformiert. Und so bittet Gott, der oder die Euch unendlich liebt, darum.
Ba Ra Sekhem, und Ihr seid, die Ihr seid. Und alle Dimensionen weichen.
Ba Ra Sekhem.

Notizen

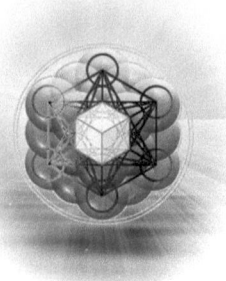

Freitag **26.** November

Samstag **27.** November

Sonntag 28. November 1. Advent

Montag 29. November

Dienstag 30. November

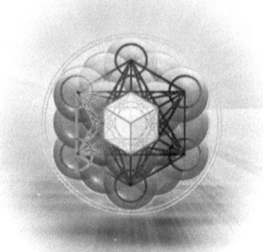

Wir alle sind Gott, und dies ist keine „Anmaßung", denn das All ist eins, es ist Glanz, Licht und Liebe. Es reagiert auf unsere Sorgen, Ängste und Nöte, wie auf unsere Freude und unser Glück. Wir sind alle miteinander Gott selber. So spricht Gott durch mich und andere Medien und spricht mit sich selber – er redet zu Herzen, zum Verstand und „nutzt" unsere Hände, unsere Ohren und Beine, unsere Münder und Körper, denn wir sind alle Gott selber. Gott spricht durch die Engel und Erzengel, damit dies Spiel die Würde und Tiefe erlangt, die wir ihm geben. Und wir sind in Wahrheit ständig mit Allem verbunden. Und so steigen wir selber, wenn wir uns ganz dem Aufstieg widmen. Wir sind Gott selber. So spielen wir oft „Theater" vor anderen, ohne zu wissen, dass die Seelen, die bereits sehr hoch schwingen, dies Schauspiel klar erkennen und „ausnützen", um uns unsere Lernthemen zu spiegeln, denn wir ernten, was wir säen. So unter anderem unsere vielleicht auch negativen Energien, die wir dem anderen (Gott selber) senden. Gott spricht mit sich selbst, wenn er sich in seinen Unterscheidungen erlebt, und so fühlt er oder sie, wie es ist, ein Mensch zu sein, ein
Verstand, ein Gedächtnis, darauf zu fußen, darauf beruhend Entscheidungen zu treffen, sich selbst ganz zu lieben – und am anderen Pol der Dualitäten sich aufzugeben oder gar zu hassen.

Es ist ein Wimpernschlag im All der Dualitäten, das Leben zu spüren. Es ist dennoch für uns manches mal „anstrengend" oder scheinbar mit Hindernissen verbunden. Wie kann dies sein, da wir Gott selbst sind? Wir sind, die wir sind. Und Gott entscheidet durch den karmischen Rat, der auf tiefer Ebene eine Illusion ist, wer wann auf der höchsten Schöpfungsinstanz entscheidet. So wird einigen Menschen erst nach und nach das „Tuch der Trennung" weggezogen, das dies Spiel in Gang

Notizen

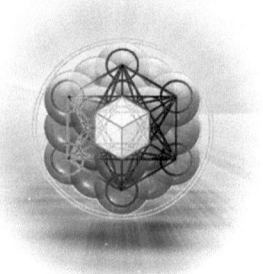

Mittwoch 01. Dezember

Donnerstag 02. Dezember

Freitag 03. Dezember

Samstag 04. Dezember

Sonntag 05. Dezember

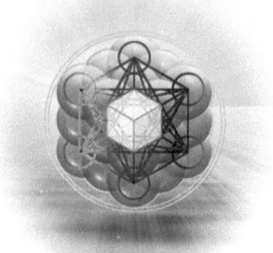

hält. Hierbei schöpfen wir durch Aufstiegsprozesse unser Leben mit. Denn aus höchster Perspektive sind wir reines Bewusstsein. Und wir lösen alle Trennungen in uns, wenn wir Gott und den Schöpfer aller Universen und mehr, die höchste Schöpfungsinstanz, darum bitten, den Aufstieg in uns zu beschleunigen. Und dies dürft Ihr tun.

Bittet ganz im Vertrauen:

Gott erlaube mir, mein altes Karma abzustreifen wie ein altes Gewand und von nun an mitzuwirken an Deiner Schöpfung, denn sie ist unendliche Liebe und Gnade, und bitte lass mich aufsteigen in mein hohes Bewusstsein der Einheit. Denn dann gehen die Trennungen.

Und wir sind Licht=Liebe und Leben.

Ägyptisch: Ba Ra Sekhem.

Und ich erlaube mir selber, Aufstieg zu sein.

Ich transzendiere alle Gewänder der Dunkelheit in mir, und ich bin Licht.

Ba Ra Sekhem.

Und die alten Gewänder gehen, reines Bewusstsein ist.

Ba Ra Sekhem.

Wir sind Licht.

Und ich erlaube mir selbst, reiner Kanal zu sein (für Gott selber, der ich in Wahrheit bin).

Und Gott spricht erneut: Ihr seid, die Ihr seid.

Und Ihr seid Leben.

Und Eure Anteile heilen, und ich bin Licht.

Spürt die Liebe Gottes, und Ihr heilt im Licht der Einheit.

Und ich bin Leben.

Und höchstes Schöpfungswissen.

Und ich erlaube allen Blaupausen zu weichen, und in Euch ist Licht = Leben.

Und wir sind Leben.

Notizen

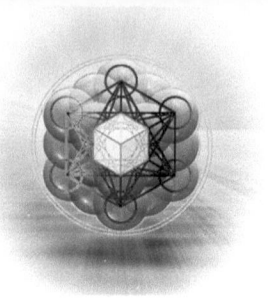

Montag 06. Dezember

Dienstag 07. Dezember

Mittwoch 08. Dezember

Donnerstag 09. Dezember

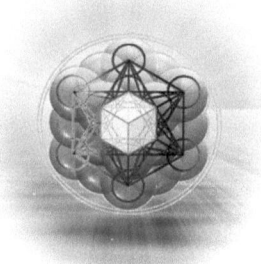

Ba Ra Sekhem.
Merlin, der aufgestiegene Meister reicht Euch die Hand.
Und ebenso Kuthumi. Maha Chohan – der goldene Strahl leuchtet.
Und die Weisheit und das Wissen des All-Einen, es wird Euch zuteil,
wenn Ihr aufsteigt.
Und ich bin, der ich bin.

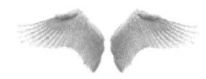

Notizen

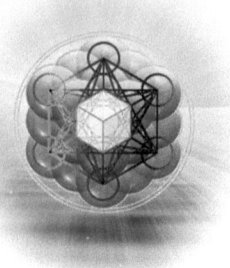

Freitag **10.** Dezember

Samstag **11.** Dezember

Sonntag **12.** Dezember

Montag 13. Dezember

Dienstag 14. Dezember

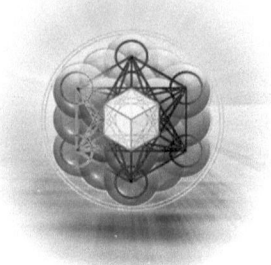

Und wir sind ewig Gott selber, wir sind Licht, und die Erde ist ein altes Gebilde, sie zu erleben heißt, sich dem Mysterium ganz zu widmen (in der Reinform und in allen Bereichen).

Notizen

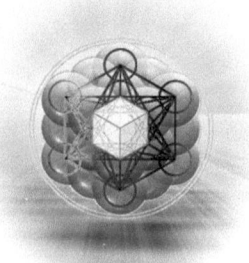

Mittwoch **15.** Dezember

Donnerstag **16.** Dezember

Freitag 17. Dezember

Samstag 18. Dezember

Sonntag 19. Dezember

Goldenes Atlantis

Zu Zeiten von Altantis war die Einheit in uns selbst zu erleben. Das heißt, wir waren mit Gott in uns stark verunden, wir spürten das Höchste Selbst, und verkörperten Eins-Sein. Die Liebe zu Gott war unermesslich. Wir können dies spüren, sobald wir Gott bitten, unser drittes Auge zu öffnen. Wenn wir darüber meditieren, spüren wir die Liebe Gottes, spüren wir die Reinheit unseres dritten Auges und spüren Atlantis, das in uns wieder entstehen möchte. Dazu dient diese Affirmation: Gott, bitte lasse das goldene Atlantis in mir entstehen. Denn ich bin Licht. Spüren wir erneut, wo wir die Lernthemen in dieser Inkarnation haben und erleben. Gott heilt, und wir sind, die wir sind. Wir spüren die Liebe Gottes und die Affirmation wirkt – auch im dritten Auge, auch in den höchsten Chakren. Spüren Sie, welchen Sanftmut das wahre Atlantis beinhaltet. Es entstehe aufs Neue.

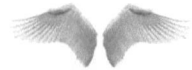

Notizen

Ich bin, der ich bin. Und ich bin Licht, ich bin Liebe, ich bin Wille und Weisheit, ich bin Leben, und die Erde ist Licht. Ich löse alle „Erdgebundenheit" in mir, und ich bin Ba Ra Sekhem, und ich bitte den Meister Kuthumi, sowie den Maha Chohan, mich nun zu unterstützen, alle früheren Leben in mir zu heilen und zu klären, sowie die Sternenleben, die blockieren, und ich bin Licht, Ba Ra Sekhem.

Wir spüren den Prozess in uns und bitten in tiefer Liebe um Vergebung für früheren Leben und gleichzeitig lösen die Erzengel Michael, Raphael, Metatron, Gabriel und Sandalphon die Verstrickungen mit anderen und integrieren in uns die Einheit. Ba Ra Sekhem, und wir danken Gott und den Erzengeln & Engeln. Ba Ra Sekhem.

Montag 20. Dezember

Dienstag 21. Dezember

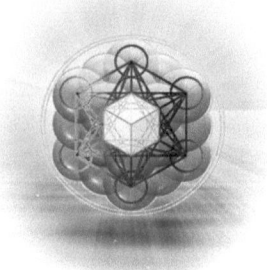

Wir spüren die Liebe Gottes, und sie heilt. Sie heilt unseren Ba. Und wir sprechen: Gott, bitte heile meine Trennungen und Trennlinien, und ich bin Licht. Lass mich Deine Liebe sein, und ich bin Licht. Und ich spüre dies. Ich bin, der ich bin. Und Gott ist. Und so lösen wir alle Verstrickungen erneut, die wir jemals erzeugt haben, und wir sind Licht. Ba Ra Sekhem.

Und die Erde ist Licht, und in Wahrheit ist sie eine Illusion, und wir sind Licht. Ba Ra Sekhem. Und wir sind Leben. Ankh, und die Hieroglyphe leuchtet in uns. Ba Ra Sekhem.

Notizen

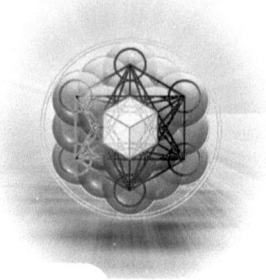

2 Kymische Hochzeit

Bittet darum, dass nun alles zu Eurem höchsten Wohle gefügt werde – denn nun sprecht Ihr in Liebe und lauscht der Stimme Eurer Seele und Eures Höchsten Selbst:

Oben wie unten,
innen wie außen,
in mir gibt es keine Trennung, denn die
Trennung ist eine Illusion.
Ich bitte um die Verbindung mit meinem
Höheren Selbst.
Ich bitte um die Vereinigung mit meinen
Seelengeschwistern zur kymischen Hochzeit,
die nun bereit dazu sind.
Ich bitte, dass dieser Vorgang in der
Reinheit und in der Liebe des Höchsten – Gott
Vater-Mutter geschehe.
Es möge sein Wille geschehen und nicht
unserer – so sei es.

Lasst Euch nun Zeit und spürt hinein in diesen Prozess, der länger dauern kann. Nehmt war und seid. Denn Ihr seid.

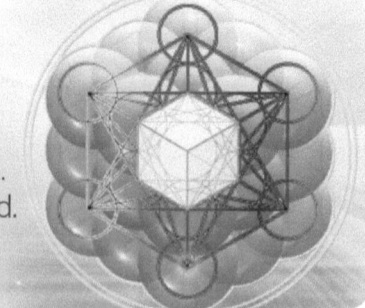

Mittwoch 22. Dezember

Donnerstag 23. Dezember

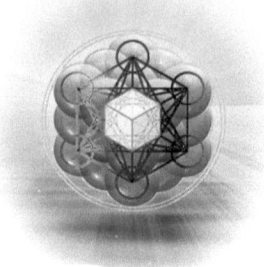

12 Heiliges Wissen

Das Wissen, das die Seele in diese Inkarnation mitbringt, schöpft Ihr, indem Ihr sprecht:

Ich bitte Dich, Gott Vater-Mutter, offenbare mir Dein Mitgefühl.
Bitte zeige mir den Weg zu meinem hohen Einheitswissen, denn ich bin, der ich bin.
Ich bin die Seele, ich bin göttliches Licht,
ich bin Liebe, ich bin Wille,
ich bin Weisheit,
ich bin geisterschaffen,
und ich manifestiere aus
dem Geiste, jetzt.

Nun lauscht auf die Stimme Gottes in Euch, die Euch etwas sagen möchte. Ihr seid Liebe, und so wisst Ihr, dass die Trennungen eine Illusion sind. Sie dürfen gehen, wenn Ihr aufsteigt und Euch leiten lasst von Euren höchsten Anteilen des Lichtes und der Weisheit Gottes.

Die Gnade Gottes, Eures höchsten Schöpferbewusstseins, lässt Euch spüren, welches Heilwissen Ihr wieder einbringen dürft in diese Welt, so sei es .

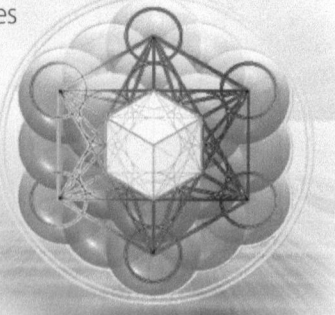

Freitag **24.** Dezember   Heiligabend

Samstag **25.** Dezember   1. Weihnachtstag

Sonntag **26.** Dezember   2. Weihnachtstag

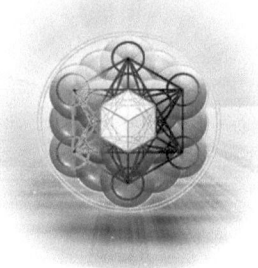

37 Der Baum des Lebens

Der Baum des Lebens ist die Einheit selbst. Sie ist in uns, denn nichts war je getrennt – und so können wir, wenn wir die geistigen Gesetze verstanden haben, manifestieren, dass dieser Baum wieder in uns selbst die Früchte trägt, die uns die Einheit, das Paradies, erleben lassen. Bittet einmal darum, dass sich Euer Baum des Lebens wieder in die Einheit bewegt, zum Beispiel durch folgende Affirmation:

Ich bitte Dich, Gott Vater-Mutter, rücke meinen Baum des Lebens wieder in die Einheit, die ich bin. Denn ich bin Liebe, ich bin Licht, ich bin geisterschaffen, und ich manifestiere aus dem Geiste, jetzt. Der Baum des Lebens ist das Leben selbst, denn die Früchte des Baumes sind Erkenntnis, Liebe, Wissen, Weisheit und tiefe Einsicht in die Einheit, die in Allem herrscht, denn ich bin das All-Eine. Und so nehme ich die Schöpfungen, die ich tätige, als das an, was sie sind: sie sind Manifestationen meines Bewusstseins, so ist es. Offenbare mir die Frucht des Lebens aufs Neue. Ich danke Dir von Herzen.
So sei es.

Montag 27. Dezember

Dienstag 28. Dezember

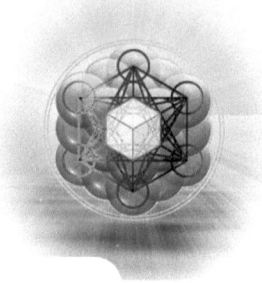

20 Weisheit und inneres Wissen

Dies Karte möchte Dir etwas sagen. Sie macht Dich auf Deine innere Kraft und Stärke aufmerksam, die Du bist. Ohne Wissen kein Aufstieg, denn Aufstieg bedeutet, angewandtes Wissen aus der Einheit des Kosmos und des Alls, in der Welt der Erscheinungen anzuwenden.

Lausche einmal auf die liebevolle Stimme Deiner Seele und Deines Höheren Selbst. Lasse Dir zeigen, an welcher Stelle Du im Aufstiegsprozess stehst, und was Deine jetzige Aufgabe ist. Vielleicht nimmst Du alte Fähigkeiten wieder zu Dir zurück, vielleicht erhältst Du Hinweise, die es Dir ermöglichen, weiter zu wachsen und Deine Lernaufgaben zu bewältigen.

Sprich in Liebe:

Ich bin das Herz Gottes, ich bin die Seele, die in der Illusion der Trennung wertvolle Erkenntnisse gewann über das Leben. Nun darf sich mein Wissen um die Einheit wieder zum höchsten Wohle Aller in mir entfalten, wenn Du es erlaubst, Gott Vater-Mutter. Ich bin Liebe, ich bin Licht, so sei es.

Mittwoch **29.** Dezember

Donnerstag **30.** Dezember

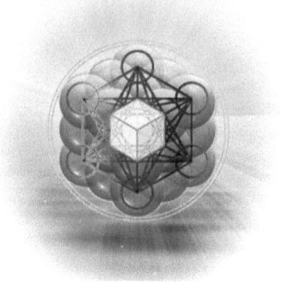

Von Seele zu Seele –
Namasté.

www.christian-huels.de

Ich danke den Seelen, die mich begleiten,
meinen Eltern, meinen Ahnen,
meinen Freunden.
Fühlt Euch herzlich umarmt.

Freitag 31. Dezember   Silvester

Samstag 01. Januar   Neujahrstag

Sonntag 02. Januar

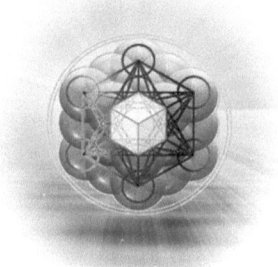

*Wir danken Gott selber und sprechen: Gott, bitte lenke Du,
lass mich Deine Weisheit und Liebe spüren und verkörpern,
lass mich Deine Liebe sein, und ich bin Licht.*

*In diesem Leben wähle ich das Licht und den Aufstieg, und
ich bin dies.*

*Ba Ra Sekhem. Und ich bitte Dich, mein 3. Auge erneut zu
heilen aus allen Inkarnationen.*

*Und ich bin Licht. Ich bitte auch Jesus Sananda, meinen Auf-
stieg zu begleiten und mein Herz zu heilen, und ich bin Licht,
Ba Ra Sekhem, um dies erneut zu betonen.
Ba Ra Sekhem.*

Alles ist Licht.

Gott selber